町田忍の銭湯パラダイス

町田 忍

山と溪谷社

もくじ

はじめに
～リニューアルオープンした「金町湯」に想いを寄せて～……4

町田 忍×タブレット純
「銭湯放談」inタカラ湯……6

威風堂々たる〝宮造り銭湯〟……14
♨明神湯（東京・大田区）
♨稲荷湯（東京・北区）
♨燕湯（東京・台東区）
●リアルに再現されたジオラマで識る〝宮造り銭湯〟の姿
●〝宮造り銭湯〟のルーツはどこに？

北千住 銭湯ゴールデントライアングル!?
～伝説地帯を町田 忍さん&タブレット純さんがちょっとお散歩～……31
・タカラ湯、大黒湯、ニコニコ湯、梅の湯、子宝湯、金の湯

今、訪れるべき 東京銭湯12……40
♨雲翠泉（東京・荒川区）
♨テルメ末広（東京・北区）
♨なみのゆ（東京・杉並区）
♨荒井湯（東京・墨田区）
♨改良湯（東京・渋谷区）
♨藤の湯（東京・世田谷区）
♨はすぬま温泉（東京・大田区）
♨武蔵小山温泉 清水湯（東京・品川区）
♨東京浴場（東京・品川区）
♨御谷湯（東京・墨田区）
♨熱海湯（東京・新宿区）
♨斎藤湯（東京・荒川区）

江戸の銭湯事情をちょいと覗き見。
～ジオラマでタイムトリップ！～……78

今も現役！ 江戸時代創業銭湯……82
♨金春湯（東京・中央区）
♨あけぼの湯（東京・江戸川区）

地方のゲキシブ銭湯10 ……98

♨大正湯（北海道・函館市）
♨浅草湯（群馬・高崎市）
♨当り湯（神奈川・横須賀市）
♨珠洲鶴飼温泉　宝湯（石川・珠洲市）
♨一乃湯（三重・伊賀市）
♨船岡温泉（京都・京都市）
♨錦湯（京都・京都市）
♨朝日温泉（大阪・大阪市）
♨二月田温泉　殿様湯（鹿児島・指宿市）
♨ユーフルヤー中乃湯（沖縄・沖縄市）

ストイックなる〝熱つ湯〟の世界 ……130

♨丸子温泉（神奈川・川崎市）
♨蒲田温泉（東京・大田区）
♨寿湯（東京・台東区）

銭湯の新しいカ・タ・チ ……142

♨リノベーションで甦った「黄金湯」（東京・墨田区）

♨銭湯ではなくなったけれども……
●さらさ西陣（京都・京都市）、コワーケーションスペース九条湯（京都・京都市）、旗の台つりぼり　笑山（東京・品川区）、レボン快哉湯（東京・台東区）
♨文化財として生きる、生きていた銭湯
●「今治ラヂウム温泉」（愛媛・今治市）、元「源ヶ橋温泉」（大阪・大阪市）

読めば納得。誰かに話したくなる ウンチクがたっぷり！

◎銭湯といえば……ケロリンの理由《わけ》……26
◎脱衣場の名脇役
〜銭湯ならではの"アイテム"をチェック！〜……38
◎オリジナル暖簾
〜ようこそ、いらっしゃいませ〜♪〜……54
◎番台のある風景。……66
◎三助さんのいた時代……72
◎煙突のある風景……76
◎ご利益祈願の「祝い額」……86
◎町田 忍 直筆「銭湯イラストコレクション」
〜工場地帯のレトロ銭湯「安善湯」……88
◎"ペンキ絵"誕生物語……126
◎下足箱あれこれ……136
◎銭湯営業に不可欠な……各種銭湯許可証……138
◎オマケの噺〜川崎屋風呂〜……158

※掲載の写真は基本、町田さんがポジフィルムで撮影なさったものです。現在の状況と変わっている可能性がありますのでご了承ください。
※営業時間、定休日、料金なども本書編集時のものです。変更の可能性があります。
※掲載している入浴料は大人料金です。店舗によりサウナ料金など別途かかる場合もありますので、ご了承ください。

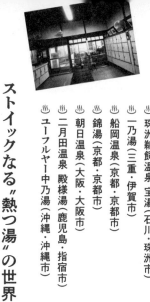

ゆ

ようこそ「銭湯パラダイス」へ！

やっぱり、銭湯っていいなぁ。

銭湯を好きな理由は？

「広い湯船、脱衣所の扇風機、裸のおっさんのぶらぶら感——脱力している雰囲気。これほど脱力できる場所はほかにはない！」

「ノスタルジー」

「友人への悩みごと、相談ごとは銭湯へ。なんでも話せる環境です。水に流せるからかな……」

「大きなお風呂と壁のペンキ絵、湯上がりのコーヒー牛乳やフルーツ牛乳」

「その町、その銭湯ならではのルール」

「湯上がりの冷やし飴やコアップガラナ」

「自宅からそれほど離れていないのに“旅気分”を味わえること」

「お風呂屋さんの音響。桶の音とか水の音とか……もしかしたら1/fのゆらぎに満ちているのかも」

「昭和な雰囲気」

「ふだんはお化粧したり、色とりどりの洋服を着ているのに、みんな裸でつるつるピカピカしている。不思議、でも楽しい」

「熱っつい湯船、枯れた背中の……アレ。破れた按摩椅子」

「話したことはなくても、ご近所の方が裸でいるというのは、なんというか同族に囲まれている……動物的な安心感がある」

「湯船が広いこと、天井がアホみたいに高いこと、家族に配慮せず、熱い湯を味わえること、長風呂しても文句を言われないこと」

銭湯の魅力は？という問いに対して、迷うことなく「浮世の垢を落とせること」と答える町田さん。そんな町田さんと一緒に、リニューアルしたばかり&オープン直前の葛飾「金町湯」さんへ。

ペンキ絵は中島盛夫絵師の力作！

2021年9月10日リニューアルオープン

「浮世の垢を落とせます」

—町田 忍

金町湯さんが創業したのは、1943年（昭和18年）のこと。初代のご主人は明治生まれ。新潟出身で、上京後、目黒や神田の銭湯で下働きしたのち、ここに銭湯を開いたのだった。

そこからグッと時代を今に近づけて……3年ほど前には、実は廃業も考えていたそうだが、四代目である山田新太郎さんが後を継ぐこと、さらにはリニューアルすることを決意。元の「金町湯」の姿を残しつつ、今様に生まれ変わらせたのだ。新太郎さん曰く、「後々のことや機能性を考えると、ビル型銭湯のほうがいい。でも曽祖父が建てた金町湯に愛着がありますし、建物に価値があると思って。この姿をいかしつつ、シンプルで落ち着く銭湯にリノベーションしました」とのこと。

町田さんも、「金町湯さんは、宮造りに高い天井、庭、ペンキ絵と完璧な東京型スタイル。この要素を崩さず、施設を新しくしたことがすばらしい。しかも、風格ある番台を上手にいかしていることにも感服です」と絶賛。

番台だけでなく、脱衣場の格天井も以前のままだ。でもピカピカに新しく、男女入れ替え式のサウナや水風呂、外気浴スペースも設置されている。店主も若い（新太郎さんは30歳だ）。なのに、そこかしこに「懐かしい」「和む」と思わせてくれるのが生まれ変わった金町湯の魅力でもある。また、ペンキ絵は富士山を主役に、金町浄水場の取水塔、矢切の渡し、菖蒲の花と当地ゆかりのモチーフが描かれている。

金町湯にはじめて訪れる人も、以前から通っている人も、みんながリラックスでき、何度も通いたくなる、そんな銭湯が生まれた。

金町湯
東京都葛飾区金町5-14-9
☎ 03-6326-3805
営 15時30分〜22時30分
入浴料 480円（東京都は同一料金）
休 木曜・第4金曜

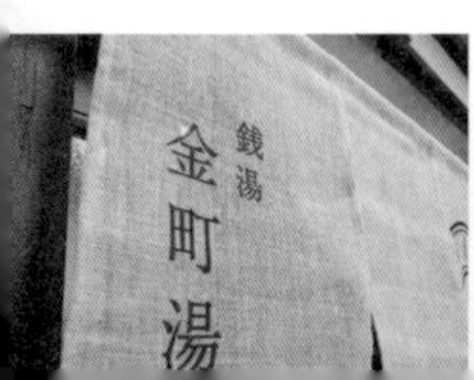

町田忍 × タブレット純

銭湯放談

昭和歌謡の王子は……毎日銭湯通い

さあ、町田 忍さんと今回のスペシャルゲスト・タブレット純さんがやってきたのは、北千住の名銭湯「タカラ湯」。銭湯研究40年の町田さんと、銭湯に毎日通う"タブ純"さんが、一番風呂に浸かりつつ、銭湯の魅力を語らいます。

撮影＝阿部昌也　取材協力＝タカラ湯

町田（以下、**町**）　タブレットさんは、銭湯お好きなんですよね？

タブレット（以下、**タ**）　風呂なしの家に住んでいまして、銭湯通いがもう10数年目なんです。もちろん好きですが、生活のための銭湯通いをしています（笑）。

町　ないから行く！（笑）。

タ　ふふ。必要に迫られて銭湯に行きはじめて、銭湯が好きになって。日に3回行くこともあります。こちらのタカラ湯さんもそうなんですけど、古い、昔ながらの銭湯がすごく好きなんです。

町　お気に入りの銭湯は？

タ　引っ越した家のすぐ近くの銭湯だったんですが3カ月くらいでつぶれてしまって。それからあちこち渡り歩いて、地方巡業でも必ず銭湯を探すように。

町　東京と違ってまたいいよね。

タ　はい。地方の銭湯は、都内にはない味わいがあって、国宝級だなっていうところがありますね。北関東や千葉の茂原、長野の飯田、諏訪……。地元の人しか入れない銭湯もあったり。

町　そう。あと漁師町ね。八戸、気仙沼、大洗、長崎の茂木港とか、すごく面白い。

タ　一昨年、青森の三沢市に行ったんですけど、朝からやっている銭湯が8軒くらいあって、どこに行こうか迷っちゃいました。

町　銭湯っていうのは地域密着型だから、その地域に合った形で建

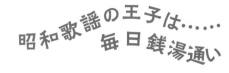

「銭湯のことをいろいろ調べると、
すべて町田さんの御本につながるんです」

——タブレット純

ペンキ絵は中島盛夫絵師の作品

「そう言われると
なんだか照れちゃうなぁ」
――町田忍

「銭湯って魔法なんです。
心の悩みを忘れさせてくれる……」
――タブレット純

「日常の中の〝非日常〟だもんね。
浮世の垢を落とすのにもってこい」

——町田 忍

われら銭湯応援隊 あちらこちらを行脚した

物ができていたり、営業時間も決まってくるんですよね。

タ 町田さんのなかでいちばんの銭湯というと?

町 よく聞かれますけど、いろんなタイプがあるからね。でもタカラ湯さんはベストのなかに入ります。キング・オブ・ガーデン、名銭湯ですね。

タ 納得です。やっぱり子どものころから銭湯好きでしたか?

町 好きもなにも、家に内風呂がない世代です(笑)。近所にも風呂のある家なんてほとんどなくて、唯一、向かいのお金持ちの家にあったくらい。家を建て替えて風呂ができました。それが21歳のときで。そこからしばらく銭湯に行っていなかったんです。

タ なにをきっかけに復活を?

町 40年ほど前、オーストラリアから友人が来て。日本人の生活を体験してもらおうと宮造りの銭湯に連れて行ったんです。で、彼がそれを見て、「お寺とか神社に似ているけど、なぜ?」と。でも答えられず……そこで、自分の研究心が湧き上がって、近所の銭湯を巡ってみようと自転車で回り始めた。それがきっかけですね。

タ そのころはまだ銭湯が東京にもたくさんあったでしょうね。

町 当時、東京に1800軒くらいあったのかな。最盛期が昭和43年の2600軒で、家から行ける範囲に5軒ありました。それが今は約500軒ですからね。

タ 昔の地図を見ますと銭湯がたくさん記されていて。僕、図書館で古地図をコピーしては銭湯の跡

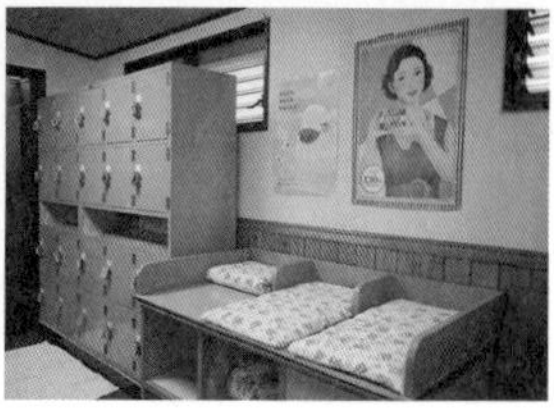

一番風呂のあとは、縁側でコーヒー牛乳を。この池に数十年生きている錦鯉のこと、かつては専属の大工と庭師がいたこと、入口上部にある畳一枚ほどの大きさの彫刻（宝船に乗った七福神）だけで、小さな家が一軒買えたということなど、あれこれを町田さんが教えてくれた。

タブレット純（たぶれっとじゅん）
1974年生まれ。27歳で「和田弘とマヒナスターズ」にボーカルとして加入。グループ解散後、“ムード歌謡漫談”という新たなジャンルを確立し活躍中。著書に『タブレット純のムードコーラス聖地純礼』『タブレット純のGS聖地純礼』（以上、山中企画）、『タブレット純のエレジー・エナジー歌謡曲 暗い歌こそ、生きる力』（ヤマハミュージックEH）などがある。

地を巡ったことがありまして。最近では、ここに銭湯があったな、とわかるように。コインランドリーだけ残っているとか、駐車場だったりとか。煙突の枠組みだけ残っているところとかけっこうあって、見つけるだけでも、あーって盛り上がります！

町　あー、わかる、わかる。

タ　もともと旅というか、知らない町をぶらぶら歩くのが好きで、銭湯って毎日浸れる旅情みたいな感覚があって。銭湯に行くだけで気分転換にもなるし、自分にとっては魔法の産湯、心の悩みを忘れさせてくれる感覚があります。

町　僕にとってもやっぱり、日常のなかの非日常ですね。

タ　あ、やっぱり一緒ですね。

町　銭湯のいちばんの魅力は、体の汚れだけじゃなくて、浮世の垢を落としてくれること。精神面のリラックス効果がね、すごく重要なんです。

威風堂々たる"宮造り銭湯"

銭湯と銭湯にまつわる文化を研究し続けて40年。
屈指にして唯一の銭湯研究家である町田忍さん。
誰も……銭湯を気にしなかったころから、
電話帳と地図を抱え、日本全国の銭湯を訪ね歩き、写真に収め、
独自に研究を積み重ねた銭湯探求の集大成が、この「銭湯ジオラマ」だ。
膨大な資料に基づき、旧知のジオラマ作家である山本高樹さんと
共につくりあげたのがコチラ！
1958年（昭和33年）に建てられた大田区「明神湯」をモデルにしたもので
いわゆる"銭湯らしい"建築で、これは関東大震災後の復興時に誕生した
設計で「宮造り銭湯」「唐破風《からはふ》造り」などと称されている。
当時の設計図（青焼き）と写真資料を基に再現し、

貴重な青焼き設計図。
東京・大田区「一乃湯」新築時
（町田 忍所蔵）

人物フィギアも表情豊か。細部もリアルで、じっと見つめていると、ミニチュアの世界に引き込まれてしまいそうだ。

ちなみに明神湯は今も現役。

内部はリニューアルされども、その風格は現在も見ることができる。

懸魚《げぎょ》
唐破風の屋根の下にある飾り彫刻。“兎毛通（うのけどおし）”とも呼び、火除けまじないの役割も。鶴や龍など縁起物が彫られている。

マッサージチェア
世界初の量産型マッサージチェアは1954年（昭和29年）に誕生。イスの横のハンドルを回すとモミ玉が上下に可動する仕組み。

木の桶
1964年（昭和39年）に、樹脂製のケロリン桶が出るまでは木の桶を使用。風呂椅子もなく、桶をひっくり返して腰掛けていた。

番台
入口の扉を開けるとすぐに設置された高い台のこと。入浴料の支払い、銭湯内の秩序をパトロールする場所で、多くの男性の憧れの地。

瓦屋根とトタン屋根
宮造りの銭湯には瓦が不可欠だが、建物全体には使用せず。浴室部分は柱がないため、重みに弱い。よって軽量なトタンを用いていた。

ペンキ絵
湯船の上にはペンキ絵が。最も数多いモチーフは富士山。発祥は大正期で、洋画家・川越広四郎が描いた千代田区猿楽町のキカイ湯だった。

明神湯をリアルに再現！

東京・大田区 明《みょう》神《じん》湯《ゆ》

大田区を流れる呑川と新幹線が交差するあたりの右側に煙突が聳える。幅8mほどある道路から目的の明神湯が見えてくる。これぞ銭湯と言いたくなる、堂々とした佇まいだ。明神湯にキャッチコピーをつけるとするなら「純粋銭湯」と呼んでみたい。なぜならば、アルミサッシがほとんど使用されていない点だ。これだけでもポイントが高い。次に建物正面、カーブのある「唐破風《からはふ》」と呼ばれる屋根の下に「懸魚《げぎょ》」（「兎毛通《うのけどおし》」とも）と呼ばれる夫婦鶴と松の飾り彫刻が目を引く。さらに暖簾《のれん》も家紋名入りの特注暖簾。これらはすべて明神湯のステイタスでもある。これだけでもこの銭湯がいかに魅力的かが理解できる。

次に内部だが、脱衣場は番台式で、笑顔の絶えない女将さんがお客を迎えてくれ、天井は格子のある「折り上げ格天井」という格式の高い様式だ。さらに縁側に坪庭という贅沢な空間になっている。床もピカピカに磨き込まれて手入れが行き届いている。浴室の男女境の壁には富士山のモザイクタイ

明神湯
東京都大田区雪谷5-14-7
☎ 03-3729-2526
営 16時～22時
休 5日・15日・25日
（日曜・祝日の場合は
翌日休み）

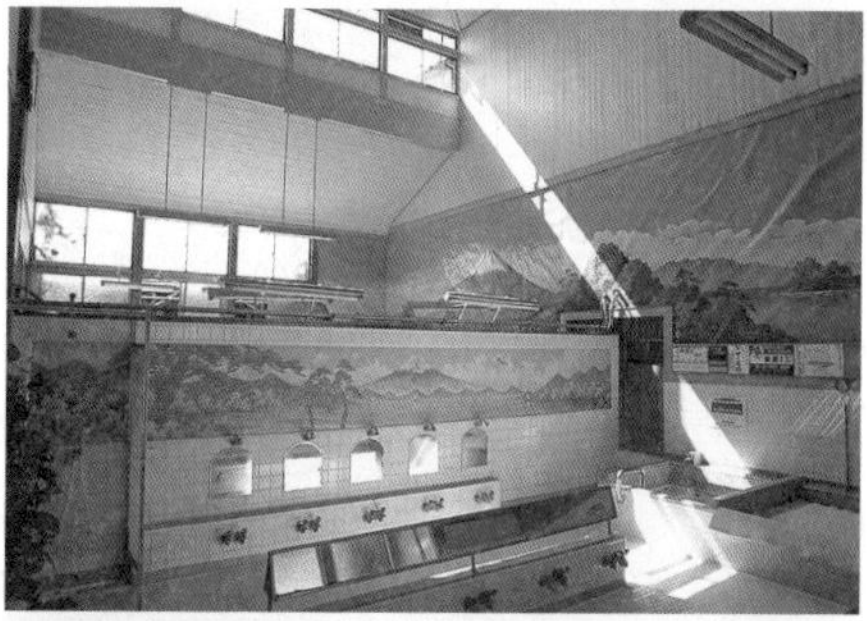

ル絵があり、正面ペンキ絵の富士山とダブル富士ということになる。ほとんどご夫婦で切り盛りをしており、楽しみは日帰り旅行で、伊豆方面の温泉にふたりでよく行くそうだ。なるべく昔のままの姿を保ちたいという、ご主人の悩みは建物の維持に苦労することだ。

最近はこの様子が貴重でCMやドラマなど多くのメディアで取り上げられている。

上：棟上式の記念写真。資料としても貴重だ（提供：明神湯）。中：男性側の浴室。モザイクタイルとペンキ絵、ふたつの富士山など見どころ充実。左下：底上げをした番台。右下：仲良しのご主人と女将さん。

東京・北区
稲荷《いなり》湯《ゆ》

稲荷湯
27-14

次の世代、その次の世代にも伝えたい屈指の名銭湯

ピカピカの床、磨き上げられたカランなど、いつ何時も気持ちのいい銭湯。ペンキ絵は中島盛夫絵師作。

番台に立つご主人の土本さん。2015年に改装したが、番台は変わらず、昔の姿のまま。男性が番台に立つときは、女湯側に板を立てる。

東京都北区。近藤勇の墓地のあるJR埼京線板橋駅から滝野川銀座通りを少し行った先、幅約3mほどの路地に板塀の趣のある銭湯だ。外観を見ただけでもこちらがいかに特別であるかはすぐにわかる。五代目の女将さんである、土本公子さんによると、創業は明治末期で現在の建物は1930年（昭和5年）に建てられたという老舗銭湯である。様式は東京型銭湯の宮造りで、下から玄関の入母屋、上屋の軒唐破風、千鳥破風が三重になった豪華なつくりが特徴。

毎年、お正月に新品の木桶と交換。いつ訪れても“タガ”までもがピカピカだ。

手入れが行き届いた坪庭。池には鯉が泳いでいる。

上屋の妻壁は下見板張り、玄関の入母屋、千鳥破風の妻壁《つまかべ》は束立ての真壁漆喰塗りだ。

妻部分が不燃性の漆喰やセメント仕上げの建物は、基本的には戦後に建てられたと思っていい。したがって、稲荷湯は奇跡的に空襲から免れることができた、幸運の建物ということがわかる。

後述の「燕湯」に続き、都内銭湯では2カ所目の国の登録有形文化財に2019年に指定され、さらに同年ワールド・モニュメント財団（本部ニューヨーク）から危機的遺産として助成支援が決定している世界遺産的銭湯でもある。

さらに今でも木の桶を使用している。現在都内にある銭湯500カ所ほどでも数軒しかない。これはメンテナンスに手がかかり（桶を掃除する専用機械もある）、おまけに高額であるからだが、稲荷湯はなんと、毎年正月に新しい木桶を新調しているという。贅沢なことだ。近年改装したが番台は変わらずで、浴室も以前からの熱湯やぬるめの湯もある。そうそう、2012年に上映された「テルマエ・ロマエ」という銭湯を題材とした映画のロケ地は稲荷湯であった。後日、テレビ番組で原作者のヤマザキマリさんと私が案内役で出演したこともある。

稲荷湯
東京都北区滝野川6-27-14
☎ 03-3916-0523
営 15時～24時30分
休 水曜

燕湯

東京・台東区

燕湯
燕 湯

「黒門町の燕湯」と呼ばれ、長年親しまれている銭湯だ。黒門町とは上野の寛永寺の総門が黒かったからで、現在の上野1丁目から3丁目付近のことである。私が初めて燕湯に来たのはもう39年ほど前、都内の銭湯巡りを盛んにしていたころであった。燕湯の特徴はいろいろあるが、なんといっても昔からの朝風呂である。今でこそ朝風呂を営業する銭湯は多くなってきたが当時はほとんどなかった。そのころ番台にいたご主人の橋爪重信さん（故人）によると朝風呂は、80年ほど前からとのことなので、つまりもう百数十年前ということになる。当時から営業は朝6時からだったが、実は私がはじめて行ったころは朝湯好きの会が昭和30年にできており、5時から特別に入浴できたという。このころから燕湯の高温風呂は有名だった。5時の一番風呂は47度以上、入った後にタワシで体をこする客もいた。このメンバーは脱衣所は使用せず特別にボイラー室で着替えたり湯上がりにはお茶を飲んだりしてくつろいでいた。

燕湯は、終戦後建てられた宮造り型の貴重な銭湯様式で、国の有形文化財に指定されている。入口には女将さんにより四季折々の花が置かれ心遣いが嬉しい。特に、脱衣場も高い伝統的な格子のある天井、浴室湯船はひょうたん型、壁には現在では入手できない富士山の溶岩石を高く積んだ、いわば「富士塚」があり特に目を引く。現在でも一番風呂に入るべく高温好きの常連さんや出勤前のサラリーマン、朝東京に着いた旅行客などが開店前から並んでいる。

とびっきりの熱つ湯に
朝一番に浸かれる贅沢さ

今はもう、ほとんど使われることがないであろう……昔ながらの、木製のベビーベッド。

釜の入れ替え作業中を撮影させてもらった。狭いのでかなりの難作業だった。

燕湯

東京都台東区上野3-14-5
☎ 03-3831-7305
営 6時〜20時
定 月曜、第2・4火曜

Column

宮造り銭湯のルーツはどこに?

昔ながらの銭湯といえば、神社仏閣のような宮造り様式が多いが、それには理由がある。契機は関東大震災に遡る。多くの銭湯も倒壊し、再建築となるが、そのとき、宮大工の技術を持つ棟梁らが、「みなが元気になりますように」という願いを込め、唐破風様式の豪華な宮造り銭湯を建てたのだった。それが評判となり、以降、東京周辺で建てられる銭湯は宮造りで、それが東京型銭湯様式となったのだ。上の写真は昭和30年代のもので、3カ月ほどで完成したそうだ。

写真提供:飯高建設株式会社

こちらは長野県・野沢温泉の大湯。江戸時代の姿を彷彿とさせる湯屋建築となっている。

銭湯といえば……ケロリンの理由《わけ》

★★★

**一週間に約280万個も製造される、
超ロングセラー**

銭湯を訪れると、そびえ立つ黄色いピラミッド。全国各地、どこでも遭遇する確率は90%以上。アナタもワタシも物心ついたときから、銭湯といえば、この黄色の桶！ 浴室に入れば、この桶を手にして洗い場に一目散。そう、無意識のうちに使っているのが「ケロリン桶」なのだ。

あまりにも銭湯に馴染んでいるため、ケロリンの正体に気づかずとも仕方がない。だが、内部のロゴ&文字をよく見ると……「頭痛・生理痛・歯痛」「内外薬品」とある。おお、ケロリンはお薬だったのか！ と今ごろ知る人もいるハズ。それだけ、ケロリン＝銭湯グッズの印象が浸透しているのだ。

では、なぜ、ケロリンが桶となり銭湯を制覇しているのか？ その秘密を探ろう。本家・ケロリンとは内外薬品（現・富山めぐみ製薬）による鎮痛剤のこと。往時は“置き薬”がポピュラーだったが、薬局が増え、各店舗にケロリンを仕入れてもらいたいという目標ができた。そこで全国の薬局に営業するべく、手段を思案していたところ、ある人物から、思いがけないプランを提案されたのだった。それが1963年（昭和38年）、東京オリンピックの前年のことだ。

ケロリンを開発した内外薬品の社長・笹山順蔵氏の娘婿である笹山忠松さんに、「湯桶にケロリンの広告を出しませんか」と持ちかけたのが、広告会社・睦和商事の山浦和明さんだ。ある日、温泉の桶を見ていた山浦さんは、

撮影＝下城英悟

ケロリンの正体

1925年（大正14年）に誕生し、今も発売当時と変わらぬ処方箋の解熱鎮痛剤。その名は、ご想像どおり「けろりと治る」に由来している。戦後〜昭和30年代ごろまでは同名や類似品が多数出るほど、人気を博した。

1963年、はじめてのケロリン桶は“白”かった!

「銭湯の数は全国に2万3000軒もあり、有力な広告媒体になる!」とひらめき、スポンサーを求め営業し、内外薬品と巡り会ったのだ。山浦さんのアイデアに、忠松さんは興味を持ち、すぐさま独占契約。ふたりは「ケロリン桶」の全国展開→販路拡大の旅に出るのだった。

折しも、それまでの桶は木製だったが、衛生上の観点からプラスチックに切り替えられるタイミング。従来と異なる質感に注目度は高いと踏んだ目論見は見事成功。今も続くロングセラーアイテムにして広告媒体となった。以来、睦和商事が販売・配布をしてきたが同社の解散により、内外薬品が出資する富山めぐみ製薬が引き継いだ。製造は群馬の関東プラスチック工業が請け負い、その型は丁寧に扱われ続け50年以上前から変わっていない。

蹴飛ばしても、腰掛けられてもビクともしないケロリン桶。永久桶の名のとおり、銭湯界で不滅の存在なのだ。

左が関西版で、右が関東版と、関西のほうが小さい。その理由は東西のかけ湯の違いにある。関東は蛇口から湯を注ぐが、関西は湯船から直接湯を取る。桶を動かし湯を入れれば重量感は腕にくる。重たすぎぬよう、関西版は小さくなっているのだ。

古今東西ケロリン桶コレクション

スタンダードタイプ

名称が消えては「広告」の意味をなさないため、インクをプラスチックの中まで浸透させる特殊な印刷技術を採用。特許も取得している。

子ども用

販売期間が短く、“幻のケロリン”と称される白ケロリン。なかでも激レアなのがキッズ用。小ぶりで内部のプリントも違う!

洗髪用（おもに女風呂にあった）

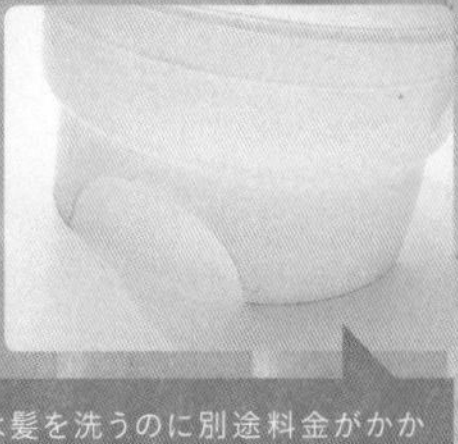

昔は髪を洗うのに別途料金がかかり、洗髪料と引き換えに「脚付き桶」を貸してくれた。まだシャワーはなく、桶に湯をためて使ったものだった。

黄色の初期型

相当使い込まれた「黄色登場・初期型」。スタンダードでは“頭痛”と記されるところ、ひらがなで“づつう”となっている。いや、それなら“ずつう”が正解だ!?

軽量・薄手タイプ

向こうが透けてしまうほど、薄くて軽い。関西型のようにサイズは小さくないが、湯船から湯を汲むのには取り回ししやすそうだ。

洗面器タイプ

"幻の白ケロリン"にも、いくつかタイプがあった。銭湯の桶は椅子の役目も持つため、広口の洗面器タイプは珍しい。

木製タイプ（限定モデル）

2015年（平成27年）、北陸新幹線の開業に合わせて企画された限定モデル。長野県産の椹（サワラ）を使い、ロゴデザインを焼印している。

ケロロ軍曹コラボ

ケロリン桶発売50周年の際、漫画『ケロロ軍曹』とのコラボが実現。互いのTwitterアカウント名が似ていることがきっかけとなった。

北千住 銭△湯 ゴールデントライアングル

～伝説の地帯をちょっとお散歩～

みなさーん、巻頭特集の「町田忍さんとタブレット純さん」の対談ページを覚えてますか？（覚えてますね・笑）。対談場所は、そうです、「キング・オブ・ガーデン」の異名を持つタカラ湯さんですが、タカラ湯さんといえば北千住、北千住といえば、そうです、ある種の“銭湯の聖地”なのであります。そこで……ひとっ風呂浴びた御両人は、北千住の駅までちょいと散策。ついでに町田さん厳選「北千住銭湯ゴールデントライアングル」（←これまた町田さんのネーミング）の銭湯をチラリご紹介しながら参りましょう！

撮影＝阿部昌也

タカラ湯さんでの撮影ののち、散策スタート。

北千住銭湯ゴールデントライアングルとは？

1 宿場町であったから。

2 市場があるから。

名銭湯が多い理由
その根拠……

3 職人町であったから。

4 色街であったから。

足立区・北千住駅西口の旧日光街道（宿場町通り）は、「江戸四宿」のなかで最も賑わった地区だった。宿場町通りを越えた日光街道と、北側を流れる荒川と墨堤通りに囲まれた三角地帯を私は、〈銭湯のゴールデントライアングル〉と名づけた。私が銭湯巡りでこの付近に来たときは十数軒銭湯があったが、現在は３軒となってしまった。

それにしても、この地区に名銭湯が多いのはなぜだろうか？ と調べ、仮説を立ててみた。まずはここが宿場町であったこと。２番目は近くに市場があること。３番目は職人の町であること。４番目は「色街」があったということ。そしてまた、見る方向で煙突の本数が異なって見える４本の高い煙突の、東京電力の発電所が近くにあったことも大きい。つまり、これらのことから肉体労働者が多く暮らしていたことが想像できる。そして、彼らが体の汚れや憩いの場として銭湯を利用することが特に多かったと思う。だから、必然的に銭湯同士の競争も激しくなり、豪華なつくりの銭湯が多く登場したのではないだろうか。

写真提供＝タカラ湯

路地で見かけた桶はナニに使う!?

あらためて対談会場の **タカラ湯**を

上の写真は昭和20年代の様子。湯船の左側に並ぶのがオーナーの松本さんご一家。どういった状況での記念撮影なのか気になる。桶は木製。まだケロリン桶は存在していない。左下の2カットは現在の姿。※右下は付近の町並み。

タカラ湯
東京都足立区千住元町27-1
☎03-3881-2660
営 15時〜23時
休 金曜

この姿をしかと
目に焼き付けたい

テクテク歩いて
大黒湯へ

大黒湯は私が勝手に「キング・オブ・銭湯」の称号を与えた銭湯である（29年前のことだ）。なぜならば、その威風堂々たる威厳のある佇まいは——誰が見てもその素晴らしさに感心するからだ。私がはじめて出会った40年近く前は改装前で、本瓦葺きの豪華なつくりだった（現在は軽量化のため金属瓦）。当時は千社札が貼られていたくらいだ。

1929年（昭和4年）築であるが、近年改装されて入口は右側に変更された。見どころは広い畳もある休憩室や脱衣場の折り上げ格天井、104枚の格子にはそれぞれ花鳥風月の日本画がある、浴室も木曽のタイル絵、露天風呂やペンキ絵もあり、改装後も伝統的部分を多く残してくれている。

だが、残念ながら、2021年7月末に廃業。お疲れさまでした。

嗚呼、伝説の灯が消えてしまった……
ありがとう「大黒湯」、さようなら「大黒湯」

いつもニコニコ、ニコニコ湯へ

大黒湯の通りを西方向に数分行くとパネルに「湯あそびひろば・ニコニコ湯」と、掲げた看板が目に飛び込んでくる。

パネルの奥を見ると、伝統的な宮造りであることがわかる。外観正面は改装されており、入口横にはコインランドリーがある。ご主人の鈴木秀和さんによると、創業は1952年（昭和27年）で三代目とのこと。ここを継ぐ前はデザイン系の仕事をしていただけあって、シールなどオリジナルグッズをフロントで販売もしている。

番台はなくフロント形式、狭いものの居間風でくつろげる。浴室は伝統的な正面にペンキ絵のあるタイプだが、左右に溶岩石が積まれ、植物が置いてあるなど独特のいい雰囲気を醸し出している。日替わりでミニプールもある。

ニコニコ湯
東京都足立区千住柳町2-10
☎03-3882-6645
営 15時～24時30分
休 木曜

今はなき、でも……かつて隆盛を誇った銭湯2軒

モザイクタイルの
梅の湯

宿場通りを北へ行くと、人通りが少なくなってくる左手に「槍かけ団子」の店がある。その先すぐの、路地の正面に……質素な宮造りの銭湯が残っている。これが梅の湯で、東日本大震災以降、閉鎖されたままだ。

屋根はゆるいカーブのある「むくり屋根」で、外観も脱衣場も昭和初期に建てられたままの姿でずっと営業していた。浴室は昭和40年ごろに改装したと聞いた。正面の壁には全面スイスの風景のモザイクタイル絵があった。

江戸東京たてもの園に移築された

子宝湯

この銭湯はかつて、タカラ湯の隣風呂であった。豪華なつくりの銭湯で、現在は武蔵小金井の「江戸東京たてもの園」に移築復元されている。

私はその復元時、ペンキ絵製作を手伝った。ちなみに、復元は最後の営業時の姿ではなく、新築時（昭和4年）の設定に。当時ご存命だった女将さんに“タイル絵の題材”を思い出してもらい、新しくつくったのだった。タイル絵の復元は、金沢在住の絵付師に依頼。この方は、戦後、東京の銭湯で数多くのタイル絵を描いていた人物であった。

武蔵小金井にお引越し！

ココも見どころ!!

シャッターに銭湯絵師の作品を発見！

金の湯

故・早川俊光絵師による画がある。
東京都足立区千住柳町336-8

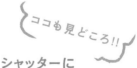

脱衣場の名脇役

“銭湯ならでは”のアイテムをチェック！

体重計

北海道・函館の「大正湯」

現在はほとんどの家に体重計が普及している。が、それ以前は銭湯に置かれた体重計で量る家庭が多かった。戦前からの古いものは目盛りが「貫目」表示されているのが特徴である。そんな体重計も今はほとんどデジタル式に変わってしまった。

赤ちゃん専用の体重計もありました

神奈川・鎌倉の「滝の湯」

京都の「錦湯」！

マッサージチェア

銭湯になくてはならぬ“癒やし”アイテム、それがマッサージチェア。マッサージチェアのメーカーといえば「フジ医療器」で、その資料によると、銭湯のタイル掃除用のタワシを販売していた藤本信夫氏（フジ医療器創業者）の発案によるものだという。当時はまだ物資不足の時代。廃品の自転車チェーン、ハンドル、軟球のボールなどを組み合わせて1954年（昭和29年）に第一号が完成。以降改良を続け、現在も“発展型の最新式マッサージチェア”は業界トップの座にある。

さて、マッサージチェアが登場した時代背景を考えてみると、三助さんが高齢となり、少なくなりかけてきた時期でもあったわけで、それを補う意味でも重宝がられたのかもしれない。

絶滅危惧種の可能性も……

東京・大田区の「明神湯」

おかまドライヤー

主に女湯側にある設備で、背もたれの上に頭の入る大きさの“おかま”がある。正式名は知らないが「おかまドライヤー」などと呼ばれている。昭和30年はじめごろから使われるようになったらしい。

現在でもこれをふたつ置いている大田区の「明神湯」の女将さんによると、「もう会社がなくて故障したら修理ができない」とのことだ。私も体験で使用してみたが、温風が渦を巻いてトルネードのようにぐるぐるまわり、外の音はまったく聞こえないほどの迫力だった。

これまた関東と関西とでカタチが違う！

東京型は丸い！

マイ籠をキープ!?

兵庫・三田の「縄手湯」

京都の「錦湯」

籠

丸い籐などで編まれた衣類を入れる籠。かつて、ロッカーのなかった時代はこれがよく使用された。私の記憶では使う前にひっくり返して床を軽く数回たたいた。ほこりやゴミなどを落とす意味があったのではないかと思う。

これが関西方面だと四角になる。京都では現在でも、行李のような四角型を使用している銭湯もあり、側面には持ち主の名前などが書かれている。かつて祇園の真ん中にあった「祇園湯」の籠には、芸者さんの名前や家紋が入っていた。ロッカーが主流となり貴重な存在になりつつある。

今、訪れるべき東京銭湯12

幸いにして東京にはまだまだすばらしい銭湯がたくさんある。
とはいえ、年々さまざまな事情により廃業がなされるところもまた多い。
となれば……足繁く通い、その湯、その空間をしかと味わうべし。
今、行かなきゃ、アナタ、後悔しますぜ、きっと。

上：浴槽は浴室の中央に。タイル絵は以前のもの。左：玄関口には、今は製造されていないタイルがあしらわれている。

町田さん（中央）の左は漫画家のメソポ田宮文明さん、右は銭湯愛好家の伊達ヒデユキさん。

雲翠泉は第二の東京銭湯ゴールデントライアングル地帯、三ノ輪駅と三河島駅、日暮里駅に囲まれた三角地帯にある銭湯だ。ここにはP68で紹介した「斎藤湯」や、宮造りの「帝国湯」もあり、都内屈指の銭湯エリアとなっている。三河島駅から10分ほど歩くと昭和の雰囲気たっぷりの街中に立つ銭湯が現われる。

外観は宮造りでなく、いたってシンプルなつくりだ。玄関口の両サイドに緑色のマーブリングのタイルが貼ってあるが、このタイルは現在生産されていない。脱衣場は番台式で横に踏み台が置かれている。天井は東京型の折り上げ格天井、男女境の真上にひとつだけレトロな扇風機があるので戦前築と思われるが、正確には不明だという。使い込まれた長椅子もノスタルジー感を演出している小道具のようである。浴室には、特徴的な小判形の湯船が浴室の中心にど～んと鎮座。このスタイルは一般的に関西方面の形式で、都内では私の知る限りここを含めても3軒くらいしかない珍しいつくりだ。関西ではこの湯船の周りに腰掛けて湯船の湯をお桶で使用するという方式が一般的であったが、東京は正面壁側に沿って湯船があるのが基本的構造である。原因はペンキ絵が関係しているが話が長くなるのでここでは省こう。最近、この湯船も新しく改修されたという。

正面の富士山（女風呂は北海道駒ヶ岳）は故早川利光絵師の絵で、2019年に女将さんからの依頼で、早川絵師の絵を残したいとい

男湯のタイル絵は、風景をテーマにした九谷焼。

中央に鎮座する湯船は東京では超レア！

う思いを込めて、私と友人で修復している。ちなみに隣風呂の帝国湯さんにも早川絵師の絵が残されている。そして、男女境には豪華な九谷焼のタイル絵がある。男性は風景で女性は浦島太郎・花咲じいさん・舌切り雀などのおとぎ話の題材。時代が止まっている貴重な銭湯である。

上：女湯にある、金属製の“台”は、今は使われていないベビーベッド。
下：これまたレアな番台スタイル。踏み台で出入りする。

雲翠泉
東京都荒川区東日暮里3-16-4
☎ 03-3801-4126
営 15時～22時
休 水曜

和モダン銭湯の先駆けは、
ランナー御用達だった!?

天井の湯気抜き窓から、浴室を見下ろす。

東京・北区 テルメ末広

地下鉄南北線志茂駅下車、徒歩10分ほどの荒川土手近くの住宅地にテルメ末広がある。ちなみに「テルメ」とはイタリア語で「温泉・共同浴場」の意味だ。私がはじめてこの銭湯に来たのは1993年（平成5年）のこと。全面リニューアルしたときだった。

はじめて見たときは驚いた。なぜならば今でこそ和風モダンにリニューアルする銭湯は多くなっているが、当時は見かけなかったからだ。いわば先を見越した銭湯であった。外観の木の格子が京都の町家を彷彿とさせるデザインになっているのがポイントだ。なんでも茶道を嗜む設計士がデザインしたそうで、納得できた。フロント式で子どもが喜びそうな駄菓子もおいてあり、ゆったりくつろげるソファーがある。

ご主人曰く、「居心地がいいのでつい寝てしまうお客さんもいるんです」とのこと。男女浴室入り

テルメ末広
東京都北区志茂5-16-14
☎ 03-3901-6316
営 14時～23時
休 金曜（月に1回連休あり）

左：自然石を利用した、風情あるつくりの露天風呂。
右：やさしい光でリラックスできる二階の休憩室。

京都の町家をイメージしてデザイン・設計がなされたそうだ。

自然派志向にもってこい！

口の間に二階へ上る階段がある。実は二階は休憩スペースとなっているのだ。これは江戸時代の銭湯の様式を再現したものと思われる。脱衣場もリニューアル前の高さを残し、壁の一部に障子が使用されている落ち着く空間だ。

浴室は白を基調とした珍しいドーム型の高い天井、壁は猫や魚をモチーフとしたタイル絵が、湯船は各種こだわりの季節ごとの薬用ハーブ湯などがあり好評だという。浴室一角には露天風呂があるのが嬉しい。サウナもあるので近くの荒川土手のマラソンランナーもここに来て疲れを癒やすにはうってつけだ。お客さんが何を求めているのかを考え、「毎日でも来てもらえるような銭湯にしたい」というご主人の想いが伝わる銭湯だ。

東京・杉並区
なみのゆ

JR高円寺駅北口商店街を数分行き、左の道を行くと右に煙突が見えてくる。なみのゆの外観は、どちらかというと銭湯らしくはないのが特徴だ。創業は1945年（昭和20年）だというから物資不足で大変だったことだろう。しかし外観とは違い、銭湯の内容は個性的なものがたくさんある。

特に、中央線からも見える、23mもの高い煙突には4～5月には鯉のぼりが約30ほどたなびくという。ご主人の大小島《おおこじま》さんによると、「はじめは3つくらいからスタートしたのが、いただくうちにだんだん増えてしまいました」とのこと。また、クリスマスシーズンは色とりどりのイルミネーションで飾るという。この付近の風物詩として定着しているようだ。

ロビーには駄菓子のほか、オリジナルのタオル、手ぬぐい、Tシ

なみのゆ
東京都杉並区高円寺北3-29-2
☎ 03-3337-1861
営 15時～24時（日曜8時～12時も営業、水曜18時～24時）
休 土曜

高い煙突にたなびく鯉のぼりが名物！
キレのいい熱湯とプールも人気

色鮮やかな富士山と鯉がお出迎え!!

ャツ、ポストカード、コーヒーなどが販売されている。また日曜日の午前中には女将の姉妹がつくる佐渡のコシヒカリのおにぎりが限定販売され好評だという。

浴室も個性的で、男女の境に温水プールがある。1995年（平成7年）の6月の浴室リニューアル時にミニプールを設置した。プールは34℃と、不感水温に設定。プールは男女日替わりで利用でき、親子で楽しむ人も多いという。湯船は男女とも3つに分かれていて、弱アルカリ性の井戸水を沸かした44℃の熱湯が特徴だ。浴室正面のペンキ絵は、2021年に新しく描き替えられた。

これからも、どんなユニークなアイデアが出てくるのかが楽しみな銭湯だ。

上：圧巻の鯉のぼり。有志から寄贈され、どんどん増えたという。左下：プールは温水。浴槽同様、井戸水を沸かしている。右下：湯船は3つあり、それぞれ微妙に温度は違うが44℃の熱湯が基本設定となっている。

大通りに面しているものの、ちょっと奥まったところに入口がある。

荒井湯

東京・墨田区

唐破風をよーく見ると、
戦前につくられた“鏝絵”が！

地下鉄の蔵前駅から春日通りを東へ、厩橋《うまやばし》を越えて数分行くと、左に昭和初期築の元派出所が地域の安全センターとして残っている。幸運にも空襲を免れたのだ。その先すぐの右手に通り過ぎてしまうほどの細い路地があり、コインランドリー奥の突き当たりに荒井湯はある。

　外観は堂々たる大ぶりの唐破風屋根。しかし、よくある宮造り銭湯のように屋根の飾り彫刻は見当たらない。妻部分はほかでは見たことがない鏝絵《こてえ》の「波に千鳥」だ。そこには綺麗に彩色されていて、おそらく近年塗られたと思われる。下足箱の上の壁部分、男女にもそれぞれ、松と鶴の鏝絵があり、鶴が咥えた短冊に銭湯名が書かれているのも荒井湯の見どころだ。

　かつて私が銭湯巡りを始めた40年近く前はまだ都内にも鏝絵がある銭湯が何カ所かはあったが、今となっては荒井湯は貴重な存在となっている。鏝絵は基本的には左官職人が漆喰をコテで盛り上げ半立体の造形をつくるもので、伊豆の名工・入江長八《ちょうはち》が有名である。漆喰の代わりにセメントでつくることもあるが、ここ荒井湯のそれはどちらかは不明である。

　さて、脱衣場は番台式で庭があり、くつろげるスペースもあるので夏場は利用したい。浴室は1991（平成3年）年にリニューアルされ近代的。湯船がL字型になっているのでペンキ絵が見やすい。ご主人の本田善勝さんのこだわりで2年に一回新しいペンキ絵に描き替えられるが、毎回、特注題材の絵となっている。

　また男女境の壁にはたくさんのスカイツリーの写真が貼ってある。どれもよく撮れているので聞いたら、「全部私が写しました」という答えが返ってきた。来たときには気がつかなかったスカイツリーが荒井湯を背にして前方に見えた。

上：この絵は過去のもの。現在は葛飾北斎にちなんだ絵になっている。下：庭もお見事。下足箱の上のビジュアルも注目です。

荒井湯

東京都墨田区本所2-8-7
☎ 03-3622-0740
営 15時30分～23時30分
休 水曜（第5水曜は営業）

東京・渋谷区
改良湯

上：ブルーライトの天井など間接照明が施された浴室はスパのような雰囲気。左下：脱衣場もモダンな設計だ。右下：黒の漆喰が「新たな銭湯」への期待を高めてくれそう。

ＪＲ渋谷駅と恵比寿駅の中間あたり、明治通りを入ったところにあるのだが、外観は銭湯らしくない。まず目に入るのは壁一面の大きなクジラの絵だ。これは公募で選ばれ描かれたという作品。

　この絵を見ただけでもこの銭湯は只者ではないことが明白である。クジラの絵の右側に沿って黒い壁があるが、ともすると入口を探してしまう。かなり小ぶりの小さい暖簾があるのでどうにかわかるが、まるで赤坂あたりの料亭風だ。暖簾をくぐるとグレーと白で統一されたモダンなフロントがあり、脱衣場もシンプルで都会的、洗練された落ち着いた空間になっている。ロッカーは縦長タイプもあり、背広なども入るよう配慮されている。腰掛けも長椅子風で腰掛けるにはちょうどよいデザインである。

　浴室はほかの銭湯とは異なり、照明が落とされて間接照明も効果的。落ち着いた独特の雰囲気に演出している。湯船のお湯はすべてカルシウム・マグネシウム等をろ過した、肌がツルツルになる軟水を利用している。

　ほかにもマッサージ風呂、炭酸泉、サウナ（有料）の水風呂は洞窟の中にあるのがユニークだ。正面壁には地元渋谷の歴史をテーマにした特注の絵があり、薄暗いほのかな空間は、都会の喧騒を忘れさせてくれる。

　さて屋号の改良湯は、明治から大正にかけてそれまでの窓の少なく狭い銭湯から開放的で近代的な銭湯になった銭湯に多くつけられた屋号である。こちらの改良湯の創業は１９１６年（大正５年）と、まさにそのとおりである。遠い昔の渋谷の風景を思いながら湯船に浸ってみるのもいいだろう。

改良湯

東京都渋谷区東2-19-9
☎ 03-3400-5782
営 13時～24時（平日）、12時～23時（日・祝日）
休 土曜

明治通りからも見える、
ひときわ目を引く〝クジラ〟

東京・世田谷区
藤の湯

東急田園都市線用賀駅から10分弱、環状8号と多摩川通りの交差点から一歩入ると唐破風のつくりの藤の湯がある。入口は正面でなく横から入るという珍しい造りだ。横には年代を経た江戸時代といわれる鬼瓦が鎮座してお客を迎えてくれる。

　手づくりと思われる大きめの暖簾をくぐると木を贅沢に使用した和風のフロントがあり、ご主人の山口欧太郎さんが制作したフクロウなどの木彫や版画作品が置いてある。欧太郎さんは銀座でも個展を開くほどの作家でもある。また、世田谷浴場組合のイベントなどでもキャラクターをデザインしたりと多彩な活動をしている。脱衣場も同様、木製の井桁の照明など民家風で、どこも木をふんだんに使用しており温もりが伝わってくる。

　1986年（昭和61年）のリニューアルのとき、何か個性的な銭湯にしたいということで、「もと

藤の湯
東京都世田谷区玉川台2-1-16
☎ 03-3700-3920
営 15時30分～22時
休 金曜、第2・4木曜（第2木曜・金曜は連休）

ようこそ、いらっしゃいませ！

唐破風のつくり。こちらが正面と思いきや、入口は右側に。

ご主人お手製の暖簾をくぐるとロビーに。木材が多く、癒やしの雰囲気に満ちている。

随所に心遣いが感じられる木の温もりあふれる銭湯

もと木が好きだということもあり自分で勉強しました」とのこと。脱衣場にも欧太郎さんの木版画作品も展示してある。

　浴室上部は木組みの格子に白壁、当然ながら壁も板張りだ。見どころは男女にまたがる立派な東屋《あずまや》で、大分の湯布院で入手したという鬼瓦が乗っている。東屋の下にはヒバ材のぬるめの湯船がある。正面湯船の上は尾形光琳のような「燕子花図《かきつばたず》」風の特注のタイル絵があり贅沢な趣を醸し出している。マラソンランナーの入浴時は荷物を預かってくれるサービスもある。

左：大きな浴槽とは別に……ヒバ製の湯船が。下：そのヒバ風呂があるのはこの東屋の下です。

板張りの浴室はリラックス効果あり！

ようこそ、いらっしゃいませ～♪

～オリジナル暖簾

銭湯の暖簾は、一般的には「花王」「牛乳石鹸」といった
2大銭湯暖簾スポンサーの広告入り暖簾を使用しているところが多い。
それ以外にも、コマーシャル暖簾ではなく銭湯オリジナル暖簾も多彩。
屋号や家紋が入っているものもあるが
世田谷の「藤の湯」さんのように手作り本染めの暖簾もある。
どれもご主人の銭湯に対する思い入れの表れである。

東京・世田谷区「藤の湯」

東京・台東区「曙湯」

東京・北区「殿上湯」

東京・目黒区「永生湯」

栃木・栃木市「玉川の湯（金魚湯）」

東京・大田区「明神湯」

東京・大田区
はすぬま温泉

大田区西蒲田にあるはすぬま温泉は、ＪＲ蒲田駅から7分、東急池上線のはすぬま駅からだと1分もかからない便利な場所にある。漆喰風の壁に木の柱を模した格子状の外観で趣がある。開店前には毎日常連客が並ぶほどの人気のある銭湯だ。

フロント形式で元気な女将さんがお客を迎えてくれるが、ここの壁に富士山のペンキ絵があり、そこには東京銭湯のイメージキャラクターの「ゆっぽくん」の絵があるが、それは私が描いた。脱衣場は天井が高く、白壁は本物の漆喰壁だというから贅沢なつくりだ。

浴室は正面全面が滝が流れるようなタイル絵となっているが、これはリニューアル以前からのもので特注だという。滝の下には鯉を形どった自然石の湯口があり、茶褐色の温泉が湯船に注がれている。

泳ぐ鯉も
デジタル！

デジタルサイネージで四季折々の風情を醸し出す

右：デジタルサイネージによる池には、鯉のほかレアキャラが投影される。下：愛媛・松山の道後温泉をイメージしたという浴室。なんとも幻想的な雰囲気に包まれる。

周りの窓ガラスは色ガラスがはめられており、男女境の壁には四季折々の日本画が描かれている。

三代目のご主人の近藤和幸さんによると、「大正ロマンの雰囲気を再現するためにいろいろ苦労しました」とのこと。漆喰にこだわったわけが理解できた。湯上がりに一休み。床を見ると直径が約40cmほどの窓ガラスの下に鯉が泳いでいるではないか！ 実はこれ、デジタルサイネージによる画像だった。画像は季節ごとに4種あり、たまに浦島太郎などが横切るという。当初はお客から、どうやって鯉にエサをあげるのかなどの質問もあったという。

はすぬま温泉は、都会に居ながら地方の湯治場に行ったような雰囲気に浸れる銭湯である。

はすぬま温泉
東京都大田区西蒲田6-16-11
☎ 03-3734-0081
営 15時～24時
休 火曜

上：格子状の外壁にアールが印象的な窓など、どことなく大正モダンな様子。下：タイル絵の滝が、浴槽にある“つぼ石”に流れ落ちる演出だ。

東京・品川区
武蔵小山温泉 清水湯

2種類の天然温泉に どっぷり浸かってゆったりと

清水湯はいつも買い物客でにぎわう、武蔵小山商店街パルム近くにある天然温泉銭湯である。はじめて来たのは40年ほど前、当時はまだ宮造りの、年代を経た味わい深い銭湯だった。２００８年（平成20年）５月にリニューアルし、本瓦葺きの木の門のあるユニークな銭湯が完成した。

門にこれほどこだわった銭湯はほかに記憶がない。さらに、一般的にビル型の銭湯は上階がマンションなどになっていることが多いが、三代目のご主人の川越太郎さんによると、「自分たちの住居のみ」だというから銭湯一筋でやっていくという強い思い入れの表れだと思う。一階はフロント形式で通りに面して幅広く坪庭がある。

ここの温泉でつくった「温泉玉子」を販売しているのも天然温泉らしい趣向だ。創業は１９２４年（大正13年）だから関東大震災の復興期という時期だ。地元出身の初代が始めて、二代目が１９９４年（平成６年）に黒湯の温泉を掘

武蔵小山温泉清水湯
東京都品川区小山3-9-1
☎ 03-3781-0575
営 12時〜24時（平日・祝日）、8時〜24時（日曜）
休 月曜（祝日の場合は営業）

りあて、その後、2007年（平成19年）に1500m掘削し、塩分と鉄分を含む黄金色の都内屈指の療養泉を掘りあてた。ひとつの銭湯で2種の温泉があるという浴場は私の知るかぎり、ほかに類がない。特に黒湯は24時間稼働で高濃度ナノバルブが充填され水質改善に効果があるという。二階にも無料休憩場や岩盤浴（女性専用）の施設がある。

リニューアルする前、ご主人が関西から九州まで広範囲に浴場を訪ねて参考にした成果が充分に生かされた銭湯である。

上：温泉ならではの名物といえば……なにはなくとも温泉玉子。名物「温玉」は、湯上がりのお楽しみに。左：露天風呂はうっすらと黄土色した湯で、海水温泉だそう。浴槽のかたわらにはデッキチェアが用意されている。

東京・品川区

東京浴場

東急目黒線西小山駅下車、左手のアーケードを抜けると、サミットストアの前に東京浴場はある。実はこの銭湯、わが家からいちばん近い行きつけの銭湯だった。廃業して、しばらくそのままであったが、２０２０年（令和2年）7月19日にリニューアルした。余談だがサミットストアの場所には60年ほど前に映画館が2軒あった。

　さて、この東京浴場は、数カ所の銭湯を活性化している会社から任されて運営している方式である。店長の相良政之さんは元ＩＴ系の仕事していたが、別の銭湯でアルバイトをしていた経歴を持つ。現在は20名ほどのスタッフで切り盛りしている。

　ユニークな点は前の通りから店内がガラス張りでよく見えることで、これは入りやすくするための効果をねらったとのこと。入口を入ると木造りの広い二階式スペースのいたるところに漫画がある。

東京浴場
東京都品川区小山6-7-2
☎ 03-6421-5739
営 5時〜8時、14時〜翌2時
休 火曜（祝日の場合は翌日休み）

壁一面がガラスの引き戸で、明るく開放的な佇まい。

なんでも7000冊はあるそうだ。随所に休憩スペースがあり、なかなか落ち着ける空間だ。

また4種のクラフトビールも飲めて、脱衣場隅には最近導入した一人用の「セルフ・ロウリュサウナ」が置かれている（事前予約制）。浴室は改装前の男女境田舎の風景のタイル絵がそのまま残され、その下にある一人用の大きなブランデー樽は井戸水の掛け流し冷水風呂となっている。また、営業時間が午前5時から8時、休憩を挟み14時から深夜の2時という点も、銭湯好きにとってうれしいことである。各種イベントも多い。

巨大な本棚に迎えられ、いつまでも長居したくなる

コミックの数、なんと7000冊！

上：コンセプトは非日常ならぬ“超日常”。ドライヤースペースや休憩スペースも木造でとことんリラックスできそう。左：フリースペースに設置された巨大な本棚。右下：ブランデー樽を再利用した水風呂。

都内初の試み！
福祉型家族風呂も見どころです

東京・墨田区
御《み》谷《こく》湯《ゆ》

JR錦糸町駅・都営浅草線本所吾妻橋駅から10数分の御谷湯は、1947年（昭和22年）に創業し、2015年（平成27年）5月にリニューアルして5階建ビルの銭湯になった。

ビルの四・五階部分が浴室の珍しい銭湯だ。木材をふんだんに使用した和風の外観は、場所柄か、相撲部屋のようで江戸の雰囲気がある。入口右側に「水琴窟《すいきんくつ》」があるのが楽しい。

下足番号も漢数字というこだわりよう。一階から四・五階へはエレベーターを利用する、男女は1週間ごとの入れ替え制。浴室は広く大きなガラス窓なので外の風景の眺めがいい。また、なんといっても、木造りの半露天風呂からは外にそびえるスカイツリーが迫って見えるのがいい。壁にはよく知られた日本画風のモザイクタイル絵があり、全体的に和風になっているのが特徴である。

御谷湯

東京都墨田区石原3-30-8
☎ 03-3623-1695
営 15時30分～翌2時（平日）、15時～24時（日曜）
休 月曜（祝日の場合は翌日休み）

上：相撲部屋が多い土地柄からか、外観もそのような雰囲気を醸し出している。右ページ：4階の浴場には、尾形光琳の「紅白梅図」を再現したモザイクタイルが。左中：バリアフリーの家族風呂。介助する方も一緒に浸かることのできる設計。左下：こちらは半露天風呂。

お湯は天然温泉の濃いめの黒湯。湯船は高温・中温・低温。薬草など使用の薬湯もある、さらに心臓に負担をかけない35~36℃の低温温泉もある。また、リニューアル以前から、雨水をタンクにためてトイレなどの水として利用しているエコ銭湯でもある。

さらに一階には地元密着型銭湯として福祉型家族風呂がある。これは介護者がついて身体の不自由な方に利用してもらうためにつくられた設備。総檜造りの湯船でリラックスできる設備になっている。もちろん銭湯全体もバリアフリーとなっている。

東京・新宿区

熱海湯《あたみゆ》

JR飯田橋駅から早稲田通りを牛込方向に上る神楽坂は江戸時代より栄えてきた地区である。通り沿いに毘沙門天や赤城神社もあり、往時の雰囲気をしのばせる。

熱海湯を語る前にこの付近の説明をしておこう。神楽坂一帯は明治時代から東京の六花街のひとつとして栄え、最盛期には数百人ほどの芸者さんがいたという花街《かがい》地区である。神楽坂の毘沙門天の手前路地を左に入ると「東京神楽坂組合」がある。ここは「見番《けんばん》」といわれた、いわば芸者さんの取次事務所で、稽古用の舞台も備えている。そこを過ぎ、狭い階段を下りると右に熱海湯がある。

外観は三角の千鳥破風が二重になった東京型銭湯だ。もちろん番台式。実は現在、熱海湯さんが、新宿にある33軒で唯一の貴重な番台式銭湯である。男性側脱衣場の庭の池には金魚が泳ぐ。

ご主人の吉田浩さんによると、1954年（昭和29年）にいまの銭湯に建て替えたとのこと。さら

熱海湯
東京都新宿区神楽坂3-6
☎ 03-3260-1053
営 14時45分～24時
休 土曜

男湯女湯にまたがるダイナミックな富士山のペンキ絵は、中島盛夫さんによるもの。

に昔の話として、「芸者さんは皆ツケなので、子どものころ、月末に親に頼まれて見番などに集金に行くと、大勢の芸者さんらが着替えていたりして、それはもうびっくりでした」と、当時の思い出を話してくれた。芸者さんは熱海湯に入ってから仕事についたという。

熱海湯の魅力はまだある。それが「熱つ湯」で、「井戸水使用」であることだ。別頁で紹介した上野黒門町の「燕湯」さんと同様に湯温は45℃以上となっている。やはり、どちらも江戸っ子気質の熱つ湯好きを引き継いでいる〝粋〟な銭湯といえる。

江戸っ子気質がそこかしこにあらわれた、花街の湯

上：花街に佇む、素晴らしき宮造り。裏手に見番がある。中：浴室には、威勢のよい鯉が描かれたタイル絵がある。下：創業当時から変わらぬ姿の番台。

番台のある風景。

台東区蔵前にあった「金魚湯」の番台は、上野の下町風俗資料館に移築展示され、実際に座ることができる。

番台下は掃除用具などの収納スペースに（群馬「三吉湯」と江東区「常磐湯」）。

江戸時代にはすでに「番台」は登場している。番台は入浴料金の徴収はもちろんのこと、江戸時代は、釜場の三助さんに客が来たことを知らせる役割であったり、ウグイスの糞やぬか袋などの物品販売、脱衣場の監視（板の間稼ぎという窃盗犯がいた）、浴室の様子を見る、そして重要な役割としてお客さんとの世間話があった。その後も、番台は銭湯になくてはならぬ存在であったが、現在はもはや絶滅危惧種的存在だ。

番台といえば、その高さが気になるところである。東京型がいちばん高く平均約130cm前後だが、時代とともに平均身長が伸びているので、かさ上げされている（目隠しのため）。また、東京以外は低めで、入り口土間に直接設置されていることが多い。

平均身長が伸びるにつれ、番台の高さも高くなった（品川区「第2朝日湯」）。

このように“低い番台”は都内では非常に珍しい（世田谷区「船橋湯」）。

入浴料は、この“穴”に投入していた（新潟「あづま湯」）。

雪国では“あんか”が仕込まれていた（新潟「万代湯」）。

社寺建築に見られる“刻み仕事”＝彫刻がなされている（神奈川「仲の湯」）。

伝統的番台の構造は畳仕様で、足元が寒いときのために「あんか」などが置かれることもあった。正面には銭函があり、人数と合計金額の早見表などが貼ってある。石鹸・カミソリ・シャンプーなども販売。小さいテレビを置くこともある。また釜場との連絡用有線、照明用スイッチ、非常ベルなどが狭いところに効率よく配置され、それはまさに飛行機のコックピットのようだ。なお、番台の下は倉庫として利用できる。こちらは今はなき、台東区「廿世紀浴場」の番台。

日々、進化をし続ける、ビアマイスターのいる銭湯

東京・荒川区 斎藤湯

斎藤湯

東京都荒川区東日暮里6-59-2
☎ 03-3801-4022
営 14時〜23時
休 金曜

ただいまのコロナ禍では叶わないが、アサヒビール公認のマイスターである斎藤さん一家が生ビールをサーブしてくれる。まろやかな泡とキレのあるビールを風呂上がりにグビっといきたい。早く復活を！

ＪＲ日暮里駅のほど近く。2015年（平成27年）にリニューアルし、コンクリートの打ちっ放しで和風三角屋根になった。かつては〝日本で最後の三助さん〟がいた銭湯としても有名だった。場所柄か落語家や芸人さんをよく見かけることも。

フロントにいる店長さんはビアマイスターの資格を持っているので、湯上がりビールがなによりの楽しみだ。また、新米の時期は「献上米」の販売もしている。気になるのが、ロビーの壁に設置された、襖ほども大きな金庫だ。これほどまでに大きい、ということは相当儲けがないとできないのではないかと思った。

浴室の天井はビル型銭湯としてはかなり高く、10ｍほどはありそ

上＆右：天井は高く、広々とした浴室には工夫がなされた浴槽が。夜間照明も美しく、一年ほど、じっくり時間をかけて設計されただけの効果を満喫できる。左上：ほどよい開放感の半露天風呂。左下：これがウワサの大きな金庫。フロントはカウンター式。ここではビールのほか、オリジナルのタオルも販売している。

うだ。一角に富士山のモザイクタイルがさりげなく貼られているのも銭湯らしい。浴室設備も充実している。ご主人の斉藤勝輝さんによると、「あえてサウナはつくらず、その分、湯船を充実させました」とのこと。細かいミクロ単位の泡のシルキー風呂・強力な電気風呂・高濃度炭酸泉・ジェット風呂・水風呂・寝風呂・昔から人気の熱つ湯・ぬるめの湯といったようにかなりの充実。さらには、本物のバラを使った薔薇風呂などが企画されることも。

ロビーでは、落語会やコントなどの各種イベントも開催されるなど、いろいろなアイデアが飛び出す楽しい銭湯だ。

【三助さん】の詳細は次ページで！

至れり尽くせりの銭湯です！

三助さんのいた時代

はてさて、これまた登場するのが
ジオラマ作家・山本高樹さんによるモノで。
江戸後期の湯屋（銭湯）を
再現しており、洗い場での様子である。
手前右の女性の背中を流す〝腹掛け〟姿の男性が「三助さん」だ。
はたして「三助さん」とはいかに？
その歴史を貴重な証言とともにじっくり解説！

「三助《さんすけ》」という言葉の意味を知っている人はもう少なくなっていると思う。簡単に説明すると、「銭湯において男女関係なく依頼があると洗い場で客の背中を流し、その後マッサージをする番頭さん」ということになる。番台で「三助さん」を依頼すると、「流し」と書かれた木札を渡してくれる。それを洗い場のカラン（蛇口）上の台に置いておくと、番台から釜場にブザー（江戸時代は拍子木）で合図がいき、木札を目印に来てくれたものだった。

　三助という言葉の由来は諸説あり、「公衆浴場史」（全国公衆浴場業環境衛生同業組合／1972年編集）を要約すると、「東大寺を建立した聖武天皇の皇后光明皇后は仏教を深く信奉し庶民に施浴をした。その皇后の施浴を助けた三人の典侍《すけ》から」。また、「越後から湯屋念願して江戸に出てきた三人兄弟の名前に助がついており、たいそう評判がよく誰ともなく三助と呼

“最後の三助さん”に背中を流されたあの日……

橘さんのマッサージを受けたのは、だいぶ昔。なにを隠そう、その技術を受け継いでいるのは私です。

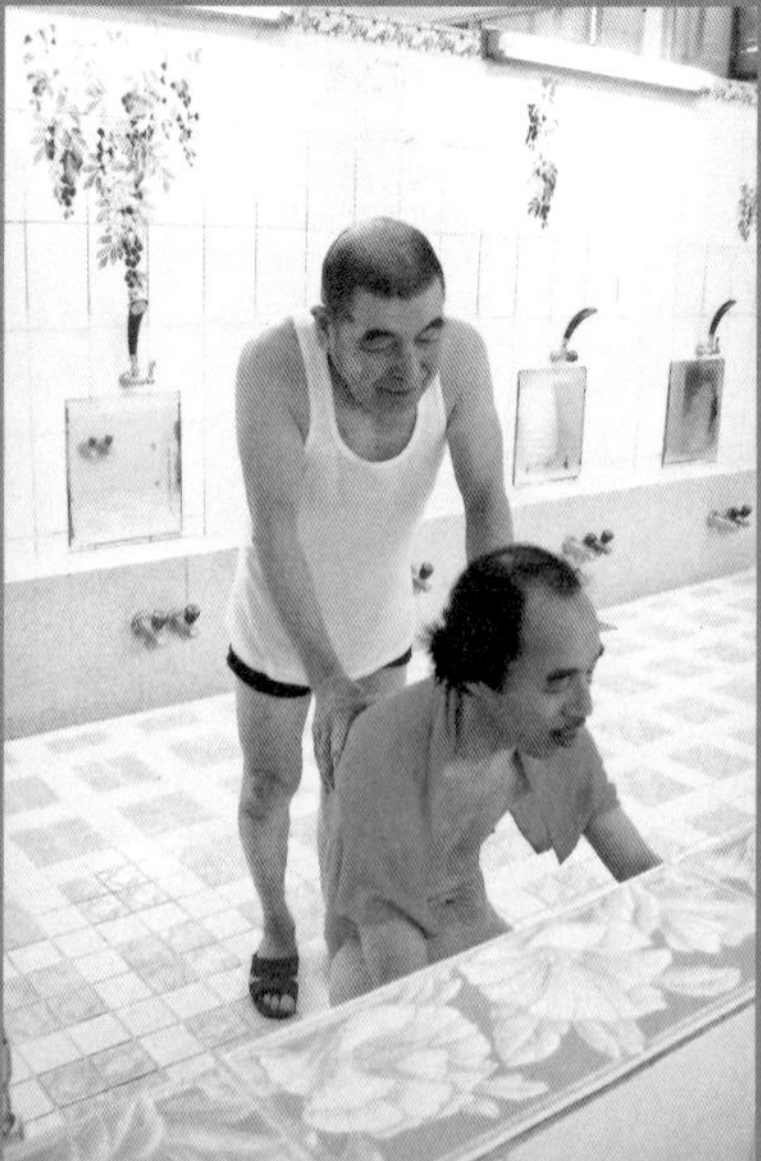

風格漂う“ながし”の札

んだ」などである。

つまるところ、三助とは番頭さんのする仕事の一部を表わす言葉。日本で最後の三助だった橘 雪秀さん（1939年生まれ・故人）、は15歳から81歳までは68ページの「斎藤湯」で働いており、2013年12月まで現役の三助さんで、私も何度も背中を流してもらい、またその技術も教えていただいた。

さて、次に登場してもらうのは私が産湯を使った近所の「永生湯」（廃業）のご主人だった木戸勇二さん（1932年生まれ・故人）だ。

木戸さんは石川県能登出身。19歳で上京し、いくつかの銭湯で修業して麻布の「竹の湯」で番頭さんとなった。当時の写真を見ると、半だこ姿のいでたちで筋肉もすごい。竹の湯には近所の芸者さんがたくさん来たといい、「とても、もてたんですよ！　なかには背中を流していると無理やり私の手を胸に引っ張ってきたり」という色っぽいお話も聞けた。

戦前は都内にも1000人以上の三助技術を持つ番頭さんがいて、忙しい銭湯から依頼があると「寄子部屋」という住み込みの事務所から派遣してもらったそうだ。そうした部屋の番頭さんで身寄りのなかった人たちは、渋谷にある寺の専用墓地に埋葬されている。

長い三助さんの歴史は銭湯史においても特筆すべきことだと思う。

地元銭湯にいらした木戸さん。これは二十歳のころで、筋骨隆々、いなせな様子が見てとれる。

煙突のある風景

蔦がからまり、天へと伸びる

東京「六月湯」

神奈川「本牧湯」

愛媛「清水湯」

銭湯には煙突が付きものであるが、最近、都市ではガス化が進み、取り壊されることが多くなってきた。ひと口に「煙突」といってもいろいろなタイプがある。東京は戦前から警察の決まりで75尺（約23ｍ）と決められており、土台の基礎には必ず〝松杭《まつぐい》〟が何本も打ち込まれている。松杭は基礎工事において地盤強化に必要なもので、東京駅前にあった旧丸ビルでも使用されていた。

また、古い銭湯のなかにはレンガ造りの煙突も少ないがある。一般的にはコンクリート造りだが、まれに土管を繋げたものも。ほかに金属製もあり、これは鉄骨の補強があるロケット発射型のようになっている。このように銭湯の煙突も、その形などが時代とともに変化していることがわかる。

煙突解体体験記
〜煙突はどう取り壊すのか？〜

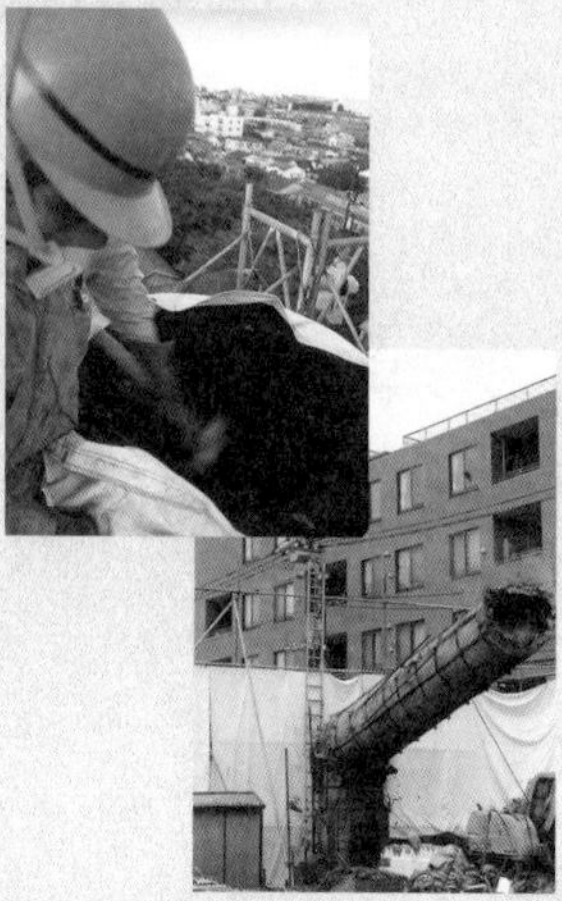

煙突の解体を体験させてもらったことがある。下の「永生湯」の煙突である。高さ23mと、眺めはよい。が、ゆっくり楽しむ余裕はない。てっぺんの穴は直径が40㎝くらいだろうか。片手にハンマーを持ち、破壊したモノが下に落ちないようシートで囲み、手作業で叩き壊し、穴の内側に少しずつ落としていくのだ。半分くらい壊したら、今度はワイヤーをかけて横からブルドーザーで一気に倒すのだった。

群馬「旭湯」

煙突掃除中！

東京「永生湯」

東京「永生湯」

ジオラマで
タイムトリップ！

江戸の銭湯事情を
ちょいと覗き見。

町田さんが、旧知のジオラマ作家・山本高樹さんと共同でつくりあげたジオラマ。

男女混浴で和気藹々。
おおらかな時代だったなぁ。

通りを歩く"伊勢参り"に出かけた「おかげ犬」。飼い主の名前を記した木札と路銀（旅費）を首に巻いている。

一階

江戸期の銭湯は混浴。一階が浴室＆脱衣場、二階は男性専用のサロンであった。

燃料は薪。薪代は非常に高かったという。左手奥の男性は、カマドで沸かした湯を“洗い用の湯”として渡す役割を担っていた。

湯船と洗い場は「石榴口（ざくろぐち）」で仕切られていた。石榴口は、湯気を逃さないように高さは90㎝ほどと低く、かがんで出入りした。

当時は水が貴重。ゆえに湯船が狭かった。庶民はここでお見合いをすることも。

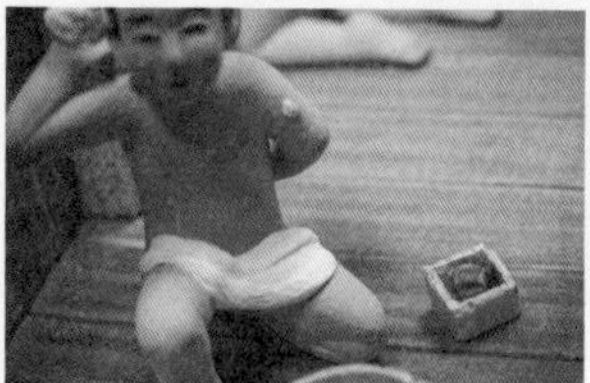

男性の右側、箱の中には「毛切り石」が。身だしなみに気を遣う江戸っ子は、ふんどしから毛がはみ出さないようアソコの毛を処理するのが当たり前だった。

風呂上がり、男は二階のサロンで ゆったりと過ごす。

武士も銭湯を利用したため「刀掛け」が用意されていた。一階の脱衣場の籠とは異なり“鍵付き”のロッカーもあった。

二階の広間は休憩処。酒はNGだがお茶を提供。また、昼間は客の背中を流したり、髪を梳いたり、夕方ともなれば客をもてなす女性もいた。

二階

湯女（ゆな）という性的サービスをする女性がいた銭湯もあった。

男女別浴の銭湯もあり、そうしたところには、一階の女湯を覗き見できる仕掛けがあったという。＊このジオラマは混浴だが、往時の風俗を示すために「覗き窓＆男性」を配置している。

〝湯船〟の語源は江戸期の屋形船銭湯にあった!?

徳川家康が開府して以来、水の都として栄えた江戸。水路が張り巡らされた町だからこそ、屋形船に浴槽を備えた〝移動式〟の銭湯があった。諸説あるが、これが〝湯船〟の語源とか。一般的な銭湯（湯屋）の料金が8文だったところ、屋形船銭湯は4文だった。

船の中央部に浴槽が。人目を避けたい密会にも重宝されたとか。船頭さんが法螺貝を吹き、来訪を知らせたという。

土手には夜鳴き蕎麦屋。

柳の下には夜鷹……が。

そんな江戸時代に創業し、今なお現役の銭湯へ。

右：現在のペンキ絵は、新しく描き替えた。左：ビルがひしめき合う金春通りに位置している。

お客よ、鯉、来いと、誘う、150年以上もの歴史を誇る銭湯

東京・中央区 金《こん》春《ぱる》湯《ゆ》

銀座の金春通りのビル一階にある金春湯。銭湯を語る前に「金春通り」の由来について説明しよう。銀座中央通り西側一本目に新橋方向に130mほどの金春通りがある（この通りだけが江戸時代の地名のまま残っている）。現在でもバーやクラブ、飲食店の入ったビルが多い地区だ。新橋寄りにあるレンガ造りの「銀座金春通り煉瓦遺構の碑」によると、金春湯の地名は江戸時代ここに金春流（能楽の流派のひとつ）の屋敷があったことに由来している。屋敷なきあとも、この地にその名を留めていると記されている。碑がレンガ造りなのは、明治時代、この辺り一帯がレンガ街だったということに由来している。

さて、本題の金春湯だが、創業は1863年（文久3年）、十四代将軍・徳川家重の時代までさかのぼる。今のビルになったのは1957年（昭和32年）のことで、

金春湯
東京都中央区銀座8-7-5
☎ 03-3571-5469
営 14時～22時
休 日曜・祝日、土曜（当面の間）

場所は創業時から変わらず。おそらく、都内で最も早くビル内に入った銭湯だと思われる。

入口の突き当たりの左に下足箱があり、脱衣場は番台形式。特徴はビルの中にもかかわらず天井が高く開放感があることと一畳弱もある大きな神棚だ。ご主人によると「関東大震災も空襲も免れてきた」という貴重なものである。2014年（平成26年）の耐震工事の際、浴室もリニューアルされて、それまでなかったペンキ絵が登場した。ペンキ絵の第一号は、中島盛夫絵師により描かれ、男性側は赤富士、女性側は宝船のある海の風景だ。ちなみに宝船は私が描いている。

タイルは九谷焼。昔は、この倍以上もの数があったという。

さらに男女境の風景のタイル絵、湯船上の鯉のタイル絵についてはP126で紹介しているが、これは金沢・鈴栄堂《りんえいどう》の「章仙」こと、石田庄太郎さんが手がけたもので、曰く、「鯉は一年中、お客コイコイを祈願するべく、12匹描いた」そうだ。

銀座の異次元空間でひとつ風呂も粋なものである。

東京・江戸川区
あけぼの湯

あけぼの湯
東京都江戸川区船堀3-12-11
☎ 03-3680-5611
営 15時30分〜23時
（日曜・祝日14時〜23時）
休 木曜、金曜

都営新宿線の船堀駅から徒歩5分ほどのあけぼの湯。入口の看板には〈設備が16種〉も記されており、この数を見ただけでもこの銭湯のすごさが理解できるだろう。

慶長年間（1596〜1614）に船問屋として創業し、安政2年（1774年）に銭湯経営を始め、現在のご主人で十九代目というから驚いた。

江戸時代に実際に使用していたという、開店を知らせるための「法螺貝」や、持ち歩きできる「銭函」が保管されているというので特別に見せてもらった（非公開）。また、広いロビーの壁には、明治時代の警察が発行した営業許可書が展示されており、いかに、あけぼの湯が歴史ある銭湯かがよくわかる。

さて浴室に入ってみよう。まず気がつくのは多機能の湯船だ。特に私が気に入ったのは、円形浴槽の湯が渦を巻いている、いわば人間洗濯機とでもいう楽しい機能だ。また、奥にある露天風呂へ行くには、手前の広く長い湯船に入らないと到達できない仕組み。露天風呂には、壁にも自然石が貼られている。また珍しい構造で、男女と

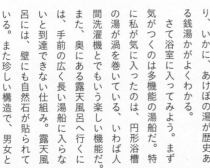

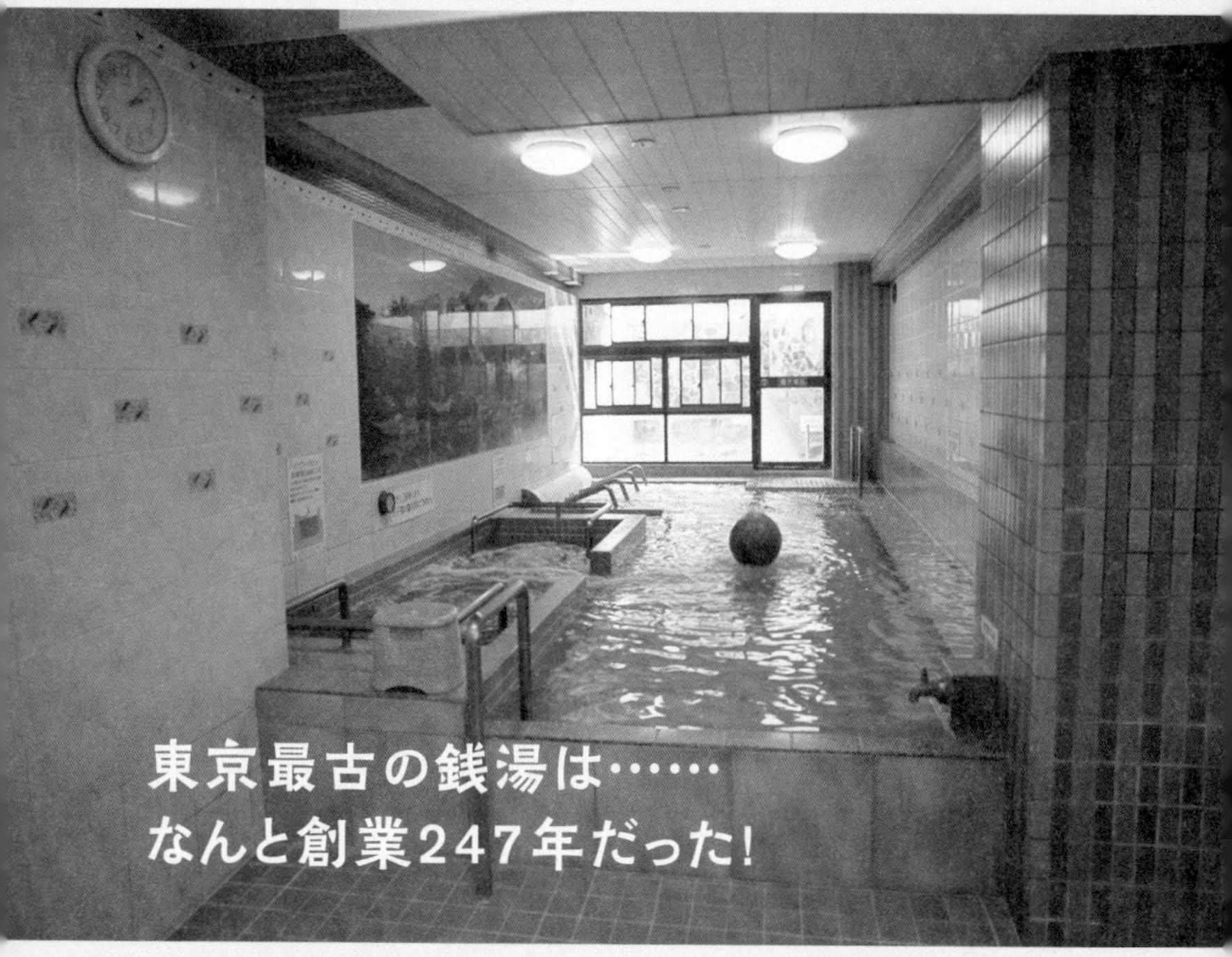

東京最古の銭湯は……
なんと創業247年だった！

一階と二階の両方にさまざまな湯を構え、湯船だけでなく、シャワーも温泉を利用。やぐらの下には岩盤タイルを貼った岩盤泉。お食事処ではカレー、ラーメン、餃子、ビールと充実している。

も二階式である。

一階から二階へはそれぞれ階段を利用して移動する。上がるとすぐに木造りの東屋がある。さすが江戸時代の創業らしいアイデアである。東屋の下の湯船は岩盤浴となっている。ちなみにお湯はすべて天然温泉である。

それぞれの壁の上には、かつて都内でいちばん多くの銭湯の絵を手がけていた早川利光絵師の雄大な富士山の絵がある。絵は下に湯船がないので劣化せず、完成当時のままの美しい姿で残っており、これはじつに素晴らしいことだと思う。この絵を見るだけでも、来た甲斐があるというものだ。

最後に、さっぱりして広いロビーの飲食スペースで名物の餃子とビールで至福の時間を堪能できた。

開店祝いの縁起物！

古い銭湯に行くと、たまに脱衣場に〝大入り〟という赤い文字が書かれた「祝い額」が掲げてあるのを見かけることがある。これらの多くは新築や改装のときに、施工業者や近所の店舗などから贈呈されたものが多い。どれも手彫りの完全手づくり。大きなものは畳の大きさに近いものもある。このような贈呈品としては、ほかに大きな柱時計、柱にかける温度計、脱衣場の大きな鏡、体重計などがあり、共通点はどれも贈り主の名前が記されている。

東京「明神湯」

間違いなし！

神奈川「日の出湯」

神奈川「山㐂湯」

東京「明神湯」

商売繁盛

東京「御谷湯」

神奈川「中の湯」

緻密さの極致、漂う空気感！

銭湯イラストコレクション

町田 忍・画

大阪「牡丹湯」

残念ながら……廃業

東京「雲翠泉」

東京「燕湯」

残念ながら……廃業

兵庫「縄手湯」

東京「明神湯」

〃銭湯を描く〃ということ

町田さんといえば……昭和の暮らしに欠かせないモノを蒐集し続けているコレクターであり研究家。でも、その顔とは別にアーティストという一面も。なかでも長年、描き続けているのが〃銭湯〃だ。どこまでも緻密で再現性に優れた、町田さんの銭湯イラストの世界は、まだまだ拡がってゆく。

東京「タカラ湯」

岐阜「高泉浴場」

残念ながら廃業……

脱衣場に掲げられた看板。「中将湯」は銭湯に欠かせないアイテムのひとつだった。バスクリンの元祖であることは、銭湯好きには知られたネタですね。

なんとも郷愁をそそる体重計は赤ちゃん専用。カゴの素材は籐や竹が主流だった。

町田 忍・画

工場地帯のレトロ銭湯

神奈川

安《あん》善《ぜん》湯《ゆ》

京浜工業地帯を走るJR鶴見線の無人駅「安善駅」を下車し徒歩5分ほどにある小さな銭湯、それが安善湯である。道中に点在するコンクリート造りの住宅が印象的で、この一帯はかつての浅野セメント（現・太平洋セメント）や工場関係の社宅が多かったことを物語っている。

三代目ご主人の平原逸雄さん（83）によると、創業は昭和初期のこと。工場の社宅用浴場として開業したという。この付近一帯は1928年（昭和3年）に京浜工業地帯として浅野セメント創始者・浅野総一郎により開発された。浅野は15歳から働き、コークス業などで儲け、着実に事業を発展させた。その浅野に出資して開発に関わったのは安田財閥

安善湯
神奈川県鶴見市寛政町8-1
☎ 045-511-0240
営 15時30分～21時
入浴料 490円
休 第2・第4日曜

こちらは写真！

極言すると……安田財閥ゆかりの湯!?

（現・芙蓉グループ）創始者の安田善次郎である。東京大学の「安田講堂」も善次郎の寄付で建てられていることは有名だ。浅野も善次郎もともに富山県の出身である。話はそれるが「ホテル雅叙園東京」（旧・目黒雅叙園）創始者の細川力蔵は石川県出身で、総一郎同様、コークス業を手がけており銭湯経営もしていた。銭湯業界には現在でも北陸3県（富山・石川・新潟）出身者が多いのは働き者で倹約の精神が身に付いているからだろう。

話を本題の安善湯に戻す。屋号は駅名同様〝安田善次郎〟にちなんでいる。外観はコンクリート造りの質素なつくり、見どころは浴室の構造だ。

すべてコンクリートなのはコンクリート工場があったからだろう。八角形の壁面には故・早川利光絵師のペンキ絵が男女2枚ずつある。天井には、珍しい構造の円形湯気抜きがあり印象的だ。使用燃料は建築廃材の材木という贅沢な仕様である。

地元密着型銭湯として現在でも常連さんに愛されている銭湯。浴室中心にある珍しい円形湯船に浸かると、この銭湯の長い歴史の重みを感じる。

地方のゲキシブ銭湯10

銭湯とは地域に溶け込み、その地で暮らす人々にとって“生活の一部”であるもの。そう……観光地のお宿や温泉と異なる趣が、ローカル銭湯の魅力なんですよね。味わい深き10軒へいざ。

Coca-Cola

業時間（時間厳守）
店　午後三時
店　午後十時

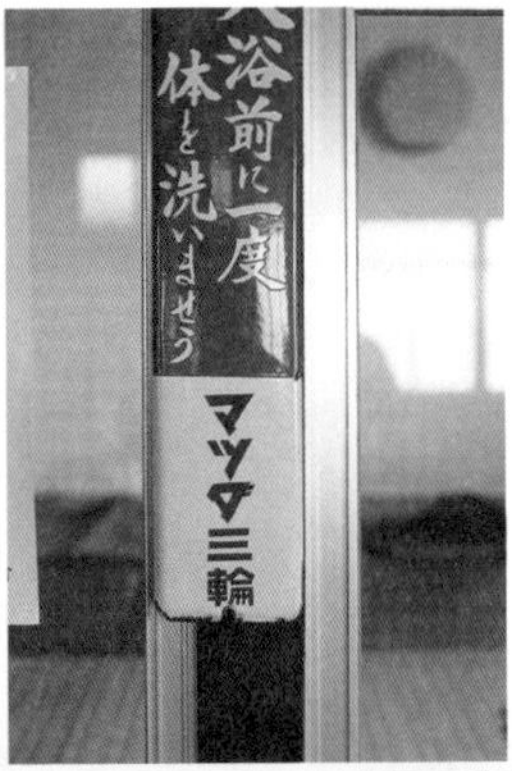

浴前に一度
体を洗いませう

昭和の時代に
またたくまにトリップ！

左上：番台の裏にある、屋号のタイル絵。右上：今はなき“マツダ三輪”の琺瑯看板。昭和30年代のものだ。上：ローカルドリンクがそろう番台。左：浴室は近代的に改装されている。

北海道・函館市
大正湯

函館の路面電車の終点停留所である「函館どつく前」。そこから徒歩数分の高台に立つ「大正湯」は1928年（昭和3年）に創業した銭湯だ。が、その外観はどう見ても銭湯には見えない。

私がはじめて訪れたのは1990年（平成2年）のこと。当時、二代目ご主人であった、今は亡き小武茂さんが、初代は船大工だったと教えてくれた。きっと、その

大正湯
北海道函館市弥生町14-9
☎ 0138-22-8231
営 15時〜20時
入浴料 450円
休 月曜・金曜

その名のとおり、大正ロマン漂う 一度は訪ねたい懐かしき湯

技術も取り入れて建てられたのだろう。かつては北洋漁業の船員たちで連日混雑したという。

外観は洋風で、創業時から何回もペンキが塗られていつも美しさを保っている。入口は北海道の銭湯に多い仕様で、雪の吹き込みを防ぐために二重構造になっている。脱衣場は、ほぼ創業時のままで楕円形の鏡が印象的だ。新築時は一般家庭にはこれほど大きい鏡はなかった。そして浴室は、近年、近代的に改装された。

戦時中は空襲に見舞われ、裏の蔵が焼けたが幸い銭湯部分は残ったという。歴史の生き証人のような銭湯だ。現在は市の景観形成指定建築物に指定。茂さんの娘さんが三代目として後を継ぎ、笑顔で番台でお客を迎えてくれる。

群馬にあるのに……“浅草”そのナゾはいかに!?

JR高崎駅から西に徒歩20分ほどの場所に位置する柳川町の旧色街を散策した。地名に〝柳〟が入っている辺りは色街であった確率が高く、また、そこには銭湯があることも多かった。P37「北千住銭湯ゴールデントライアングル」で紹介した「子宝湯」（現在は、江戸東京たてもの園に移築復元）も、旧色街の千住柳町にあり、また、台東区の柳橋も旧花街で、かつて……30年ほど前は、芸者がよく利用していたという豪華な宮造りの松の湯があった。

今回訪ねた浅草湯は、そんな色街風情の残る柳川町のすぐ隣、成田町にある銭湯だ。よその地域同様に、この辺りも銭湯はどんどん少なくなっており、現在残るは12軒。かつての高崎市銭湯組合の名簿を見ると、高崎市の銭湯が最も多かったのは1968年（昭和43年）のことで36軒あったという。私がはじめて、この付近の銭湯巡りをした20数年前はまだ20軒ほどはあった。

さて本題の浅草湯だ。女将さんによると創業は1921年（大正10年）。その後、焼失し、1929年（昭和4年）に現在の銭湯の姿になった。外観はシンプルな宮造りで、屋根はトタン葺き、入口正面にはガラスブロックをはめ込んだ目隠しがある。女将さんによると、「屋号は浅草にあった東京型銭湯を見て参考にした」という。「どうりで宮造りだ」と納得、謎が解けた。

脱衣場の床は「ゴザ」仕様。格天井も東京式だ。どこを見ても時

床は一面ゴザなのだ!

右上：入浴剤で彩られた湯が。上：ブロックを多用した独特な外観。右：番台に脱衣籠、ゴザ……とクラシカル。下：古い料金表と木製のベビーベッド。

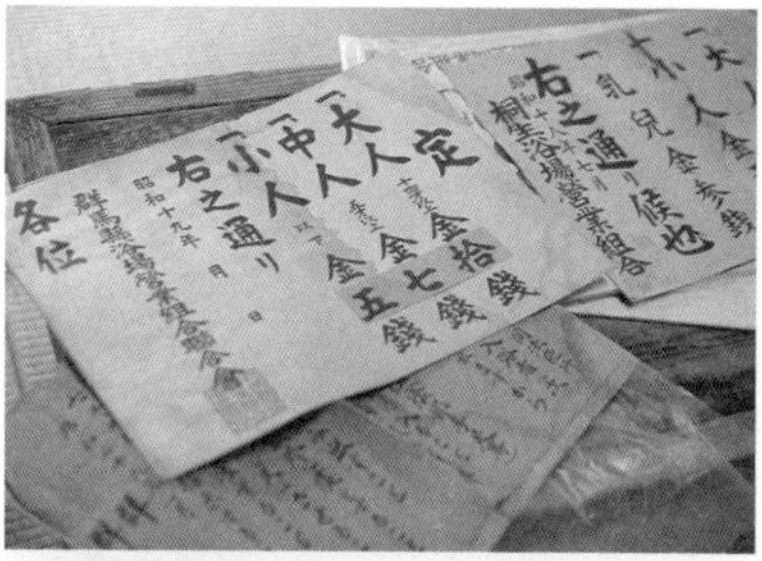

浅草湯

群馬県高崎市成田町36-3
☎ 027-323-1745
営 14時～22時
入浴料 400円
休 火曜

代を経た趣が随所に残っている。浴室は改装され、近代的だ。天井も当地方では珍しく開放的で、高い。男女の境の広い湯船の上には幅3mほどはある大きな水槽があり、熱帯魚が優雅に泳いでいる。地方では珍しい東京型銭湯として貴重な存在である。

神奈川・横須賀市
当り湯

JR横須賀駅から三崎街道を20分ほど行った鶴久保小学校の反対側に当り湯がある。外観の特徴は、神奈川の銭湯に多い金属屋根だ。屋根は入母屋式で銅葺き仕上げ、入口両側は料亭のような古風なつくりになっている。玄関を入ると、左右のハの字部分に扉があり、元気な女将さんが番台から迎えてくれる。

当り湯は1927年(昭和2年)築だというから、おそらく神奈川でも最も古い部類の銭湯だと思う。脱衣場もほぼ新築時のままの姿を保っている。天井は格天井、その男女の境にプロペラ式の扇風機がひとつだけある。全国の銭湯を観察してきたが、戦前の銭湯で扇風機があるのはこちらぐらいだろう。これは扇風機が当時貴重であったためと思われる。

ところで、当り湯のトイレの扉が大きいことに気がついたので、女将さんに尋ねると、「横須賀巡

当り湯
神奈川県横須賀市上町4-99
☎ 046-822-2857
営 14時30分～21時
入浴料 490円
休 火曜、金曜

業のお相撲さんたちが来るので改装しました」とのこと。その証拠に「曙」「貴乃花」「若乃花」などの手形とサインが掲げてあった。
　浴室の絵も大変貴重な、かつて神奈川県付近のペンキ絵を担当していた笹野富輝さん（大正3年生まれ・故人）によるもので、きれいな姿で残っており、これを見るだけでも価値がある銭湯だ。

希少なペンキ絵とタイル絵が

上：浴槽は壁際に配された、いわゆる東京型のスタンダードなスタイル。左下：浮世絵のような九谷焼の上品なタイル。右下：格天井にレトロな扇風機。

瓦ならぬ、トタンの屋根が
神奈川の銭湯だと認識させてくれる

1927年（昭和2年）築の建物は、重厚な歴史を感じさせてくれる。

石川・珠洲市
珠洲鵜飼温泉宝湯

珠洲《すず》鵜飼《うかい》温泉宝湯へのアクセスは、2005年（平成17年）、第三セクターの、のと鉄道が廃止になるまでは珠洲駅が利用できたが、現在は金沢駅から車で1時間30分ほどかかる〝能登半島の果ての銭湯〟になってしまった。

私が宝湯をはじめて訪れたのは2009年（平成19年）のこと。銭湯絵師の中島盛夫さんと一緒に、ご当地、見附島と富士山の絵を描くためであった。以前から、東京の銭湯に見附島の絵が多いことに、珠洲の方々が注目してくれた結果、招待くださり、公開で作成することになったのだった。ちなみに、それが縁で、その翌々年、中島さんは珠洲市の観光大使に任命されている。

ところで珠洲市の銭湯だが、1968年（昭和43年）に12軒が営業していたものの、現在は2軒のみとなってしまった。宝湯は海沿いのメイン通りに面して立つ3階建ての一階に入っている。ご主人の橋元信勝さんは、通りを隔てた反対側で酒販店も営んでいる。

宝湯最大の特徴は、珠洲市初の第

町とともに活性化を図って一念発起

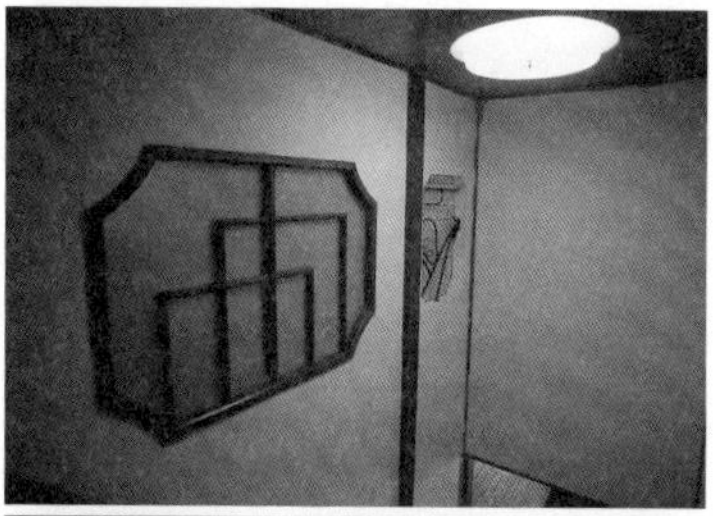

上：旅館だった姿が容易に想像できる。右：角に自然石を配した湯船は、以前は円形だった。その理由は……床のタイルをご覧あれ。左：二階に残る小さな和室が旅館時代の名残。左下：こちらは脱衣場。

一号温泉（1958年始業）を源泉としていることだろう。泉質は少しぬめりのある単純温泉である。

創業自体は明治中期で、屋号は地名からとったという。創業時は一階が銭湯、二階は遊女部屋があったそうで、今も内部は複雑な迷路のようなつくりで、いくつもの小部屋があり、往時の面影を障子や建具などに色濃く残している。平成元年までは旅館業も営んでいた。当時、酒販店の場所には「宝座」という芝居小屋や食堂があり、かなり賑わっていたという。

さて、かつて円形だった名残の形が床に残っている湯船に目を向ける。湯船の一角、岩の小山の上部には風景を描いたモザイクタイルが貼られている。あれこれ歴史を知ったせいか、湯船に浸かると、二階が賑やかだった時代の空気を感じられるようだ。

宝湯

石川県珠洲市宝立町鵜飼2-16-1
☎ 0768-84-1211
営 15時～22時、6時～11時（日曜朝風呂）
入浴料 460円
休 火曜

三重・伊賀市 一乃湯

JR関西線伊賀上野駅から忍者顔列車が人気の伊賀線に乗る。上野市駅で降りて10数分……まず、その佇まいに感激するであろう。レトロな筒型の赤いポストと、両サイドの石柱門にまたがるように備えられた〝温泉マークと屋号文字〟のネオンサイン。その奥、堂々たる本瓦葺きの唐破風に大きな暖簾が一乃湯だ。一角には十三重の石塔があり、まるでお寺に来たような気分なってしまう。

ご主人・中森秀治さんによると、1926年（大正15年）に建てられ、旧屋号は「草津湯」だったそうだ。中森さんの祖父が1950年（昭和25年）に引き継ぎ、そのときに屋号を「一乃湯」にした。国の登録有形文化財指定であるが、見どころはこれだけではない。天井は地方では珍しい、〝東京型折り上げ格天井〟で脱衣場も広く、くつろげる応接用ソファがある。脱衣場手前のスペースも広く、所狭しとブリキのおもちゃ、ダイヤル式電話機、うちわ、大阪万博グッズ、福助人形、招き猫、柱にはボンボン掛け時計……など私の好

一乃湯
三重県伊賀市上野西日南町1762
☎ 0595-21-1126
営 14時～23時
入浴料 450円
休 木曜

もしや……ひょっとすると……
伊賀忍者がこっそり入ったかも……

きな、昭和の懐かしいご主人の収集品があるのがなにより興味深いのだ。

物販コーナーも充実しており、オリジナル手ぬぐいやこだわりの石鹸などがあるのも必見。この広い脱衣場を利用して、昭和うちわ展、自主映画上映会、落語会、ギャラリー、風呂敷フェアといった、どれも懐かしいテーマで企画展が開催されたこともある。

さて、浴室は改装されているため近代的だ。幅2mほどと大きな、地方ではあまり見かけない〝三保の松原から見た富士山〟のタイル絵があり、湯船は下回りが一段高くなっている関西様式である。風情ある佇まいを隅々まで堪能し、湯に浸かる。帰るころ、ネオンが輝き、ひときわ旅情が高まった。

上：湯船はL字型に設置されている。右：脱衣室の向こうに中庭が。さらにその奥に浴室がある。左下：御利益万歳、商売繁盛な福助さんが。下：本館、石柱門ともに国の有形登録文化財に指定されている。写真にはないが、夜にはネオンサインがやさしく光る。

立派な福助さんがおでむかえ

京都・京都市

船岡温泉

東の〝キング・オブ・銭湯〟を北千住の「大黒湯」とすると、船岡温泉は〝西〟のキング・オブ・銭湯ということになる。船岡温泉は船岡山の南麓に位置し、千本通りから鞍馬口を東に入って約300m進んだ辺りだ。

はじめてここを訪れたのが1987年（昭和62年）だった。当時は改装前であったが、現在はむしろ、それにも増して趣がある。外観は唐破風屋根の宮造り。現在は国の登録有形文化財指定だ。当時のご主人・大野義男さんによると、創業は1923年（大正12年）。当初は、二階が船岡楼という料亭だったという。ちなみに〝温泉〟とついているが天然温泉ではない。関西ではしばしば、そう称する銭湯があるのだ。

なにはなくとも、見どころは脱衣場である。まず、驚かされるのが、男女にまたがる天狗と烏天狗、そして牛若丸の立体彫刻である。極彩色の彫刻の下、男女境の欄間には、1932年（昭和7年）、第一次上海事変時の、爆弾を抱え敵陣に突っ込んで戦死した〝肉弾三勇士〟の若い兵士3名や軍用犬、軍艦、飛行機などの透かし彫りが目を引く。さらには、天井周りにも京都三大祭りを題材とした彫刻で埋め尽くされている。

しかし、これで驚いてはいけない。脱衣場から浴室に抜けるトンネル状の通路壁はすべてきらびやかなマジョリカタイル仕上げとなっている。まだまだギミックは続き、通路下には、1894年（明治27年）、日本ではじめて路面電車が開通したときに撤去された、千本通りに架かっていた菊水橋が移築されている。はたまた、中庭の池には男性側は亀、女性側は大原女の石像があるのが京都らしい。

改装された浴室には露天風呂や檜風呂などがあり、和風の京都らしい雰囲気になっている。船岡温泉は京都の雅《みやび》を凝縮した銭湯といえる。

脱衣場から浴室へと抜ける途中にある庭。

圧巻の意匠の連続に
ただただ圧倒される

右上：ケヤキの格天井には天狗と牛若丸の彫刻が！ 欄間の透かし彫りの絢爛さにも感服。右下&左：色鮮やかなマジョリカタイル。左下：日本ではじめて電気風呂を設置。さすが“西”のキング・オブ・銭湯だ。

身を置くだけで幻惑されそう

船岡温泉

京都府京都市北区紫野南舟岡町82-1
☎ 075-441-3735
営 15時〜23時30分（月〜土曜）、
　8時 〜23時30分（日曜）
入浴料 450円
休 無休

京都・京都市

錦《にしき》湯《ゆ》

錦市場御用達の銭湯で、マイ籠をキープしたい

錦湯
京都府京都市中京区堺町通錦小路下ル
八百屋町535
☎ 075-221-6479
営 16時〜23時30分
入浴料 450円
休 月曜

京都の観光地として有名な錦市場のアーケード近く。木造3層の町家風銭湯が錦湯である。通りから数m奥にあるので建物全体が見え、特注の長い暖簾がひと際目を引く。

私の馴染みの三代目ご主人・長谷川泰雄さんは、番台の中よりも男性側にいることが多い。その理由はというと……常連客と脱衣場での会話が多いからだろう。また、BGMにモダンジャズが流れる銭湯もめずらしい。

1927年（昭和2年）に建てられ、35年ほど前に浴室を改装したとのこと。京都はほとんど空襲の被害がなく、京都の人にとって、先の大戦とは室町時代の「応仁の乱」（1467〜1477）のことだという笑い話があるくらいだ。したがって、ほかの地域よりも比較的、古い銭湯が残っている。だが、近年はその数も減ってきているのが実状のようだ。

錦湯の見どころは多い。脱衣場の床は、関西の銭湯らしく〝籐〟が敷き詰められている、これだと、湯上がり時に足がベトつかない。さらには、棚にずらりと並べられた柳行李《やなぎごうり》の脱衣籠だ。これらは長年修理しながら使用されており、

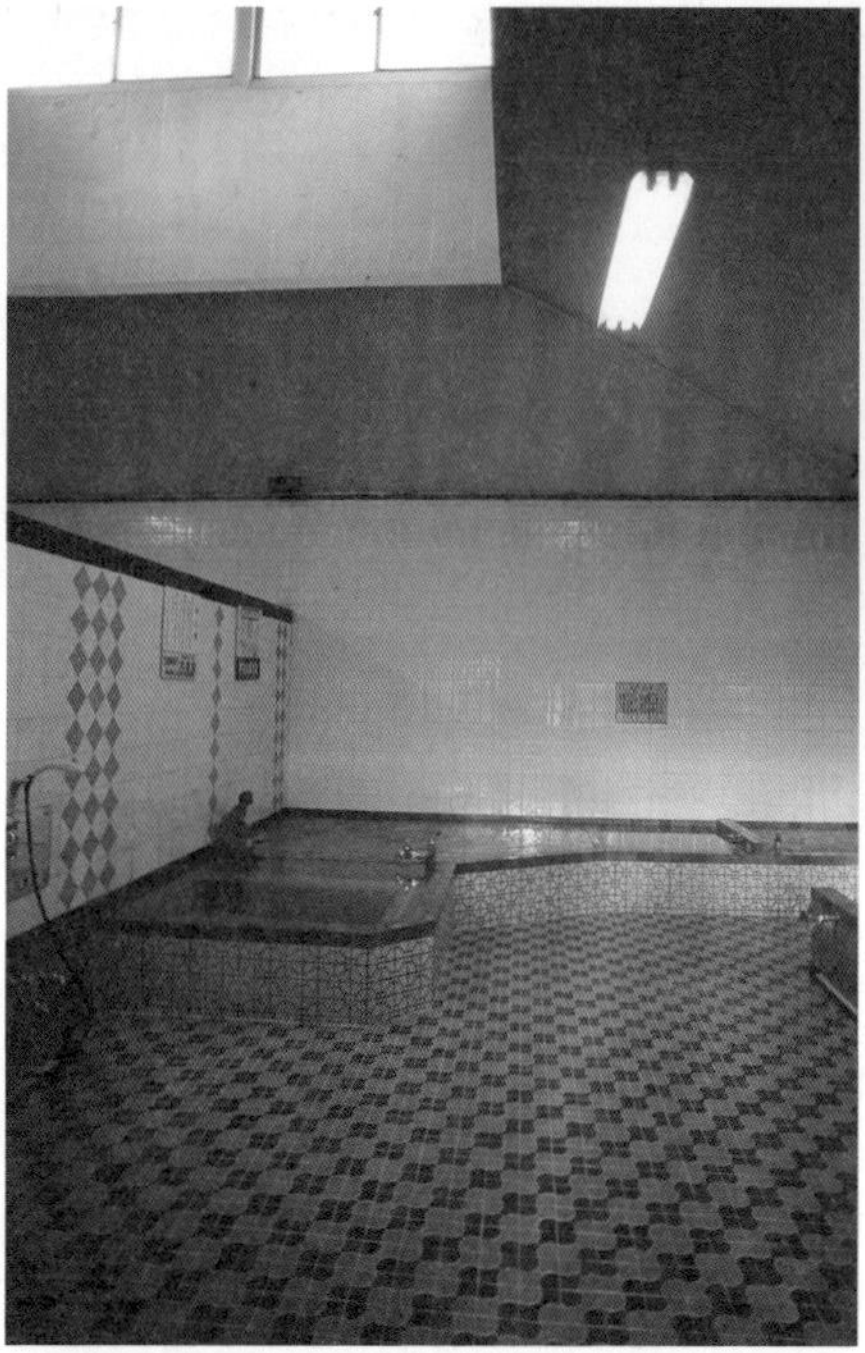

なにもかもレトロ

左：浴室の天井には“湯気抜き”の窓がある。そこから差し込む光が心地よい。右：風格漂う町家造り。左下：どこかスペイシーな佇まいの傘立て。これまた昭和感たっぷり。右下：籐の床とキープされた脱衣籠。

すべて個人使用のキープされたものである。だから、籠には名前やニックネームが入っており、現在、使用希望者は順番待ちだという。これだけでも錦湯は興味深い対象であるが、これだけでは終わらなかった。

　長谷川さんは、銭湯のイベントフロデュサーといわれるほどのアイデアマン。過去に開催したイベントの一部を紹介すると、落語は当然のことながら、「大蛇イベント」も催された。錦湯をもじっての「錦蛇ショー」とは洒落が効いている。ほかに、フラメンコショー、演劇、ジャズライブ、トークショーなど多彩。ときにはご自分も出演してしまうこともあるそうだ。これからも、ユニークなイベントを期待してしまう。

大阪・大阪市

朝日温泉

めくるめくイベントの数々を堪能できる日々が待ち遠しい！

まず、はじめに朝日温泉をひと言で表わすならば「イベント銭湯」となるであろう。大阪の南部にあり、JR阪和線、南海線、地下鉄の3駅から10数分ほどにある便利な銭湯。ご主人の田丸正高さんは三代目。1981年（昭和56年）生まれで、本書で紹介したなかで最も若い。初代は1929年（昭和4年）に生まれ、淀川区で「角形湯」を営んでいたという。

現在のビルは1986年（昭和62年）築で、2007年（平成19年）に内部をリニューアルしている。外観は、銭湯らしくはない〝ビルタイプ〟だが、このスタイルは大阪の銭湯の特徴で、「ゆ」と書かれた大きなサインや看板が派手で、いかにも難波の銭湯、といった感じである。

フロントも広く、特に駄菓子コーナーの充実度には目を見張る。これは、かつて近所にあった駄菓子屋を再現したもので、子どもたちに喜んでもらいたくて設置したという。それが期せずして、大人たちは駄菓子をビールのアテにし、子どもらはジュースで乾杯となって、それはそれは楽しい宴会になるという。

さて、「イベント銭湯」と呼ばれている理由は、ご主人によるユニークな企画だ。定期で開催されるのが、月2回の「パクチー風呂」と「子ども風呂」。過去には「オフロンピック」と題してケロリン桶でのカーリングなどオリンピックをもじったイベントもあった。また、「湯ズニーランド」という住吉区の組合主催の家族で楽しめるイベント、「落語会」「DJ」「レゲエライブ」、はたまた銭湯を幽霊屋敷に見立て、子どもたちが自作の幽霊衣装を纏った「納涼朝日温泉湯〜れい納涼大会」など、枚挙にいとまがないほど。このような驚くほど多彩なイベントを「家族で、銭湯で楽しんでもらうのが大事です」語るとご主人。

おっと、肝心の銭湯の内容を忘れていた。もちろん設備も充実。浴室は円形風呂があり、関西風の段のある湯船、湯は軟水使用だ。本格的なフィンランドサウナと露天風呂には大きなテレビも設置され、お客さんを楽しませる工夫が随所に垣間見える。

まもなく向かい側に新しく居酒屋を開店するという。将来が楽しみな銭湯である。

朝日温泉

大阪府大阪市住吉区南住吉3丁目11-8
☎ 06-6692-9808
営 12時〜24時（月〜金曜）、5時〜24時（土曜）、5時〜11時、13時〜24時（日曜）
入浴料 490円
休 無休

上：さまざまな種類の湯船が充実。段差があるのは関西風。中：目移り必至の駄菓子スペース。早く風呂上がりのビールとともに味わえますように。左：脱衣場も広々。

鹿児島・指宿市
二《に》月《がつ》田《でん》温《おん》泉《せん》殿《との》様《さま》湯《ゆ》

お殿様も愛した湯に浸かり
あっぱれじゃ、あっぱれじゃ！

鹿児島県の南部、JR指宿《いぶすき》枕崎線。海岸での砂風呂で知られる指宿駅より、一駅鹿児島寄りの二月《にがつ》田《でん》駅。そこから7分ほど歩くと目的の殿様湯がある。

ここは、1831年（天保2年）、第二十七代薩摩藩主・島津斉興が建てた温泉行館（別荘）で、明治初期までは薩摩藩主が利用していたという由緒正しい場所の跡にある。1895年（明治28年）に、民間に払い下げられてから、地元民に愛される銭湯として営業を続けている。

江戸時代には30もの館があったという膨大な敷地も、現在は10坪ほど。石造りの湯壷が4つ。それだけが銭湯横の敷地に残っている。これらをよく見ると、階段状部分にタイルが貼られている。染付けの柄入りの「本業敷瓦」というもので、幕末から明治初期にかけて製造され、柄は転写印刷技術方式と思われる貴重なタイルである。傍には、「足軽以下、是より内に入る可からず」という石碑があり、当時の様子が読み取れる。

現在、入浴できる銭湯は白壁の和風様式で、入口付近に飲料用温泉もある。地元の人から〝殿さん湯〟と呼ばれている現代版の殿様湯だ。湯船は小判形で、一方に掛け湯用の小さい槽があり、丸に十の字の島津藩の家紋が入っている。温泉はかすかに白濁、ナトリウム塩化物泉で高温の湯となっている。

殿様湯は1971年（昭和46年）に指宿市指定文化財に指定されている。ここのお湯に浸かっていると、かつてのお殿様がどんな

上：島津家の藩主が入浴した温泉の跡。石造りの共同湯はこの史跡に隣接している。上中：史跡に設置された石碑。上右：ここが銭湯への入口。下：湯跡への階段には、建てられた当時のタイルが残っている。

江戸後期のタイル!?

気分で入浴していたかを想像してしまう。自分がお殿様になったような気分に浸れる、個性的な銭湯である。

二月田温泉 殿様湯

鹿児島県指宿市西方1408-27
☎ 0993-22-2827
営 7時〜21時
入浴料 350円
休 金曜（祭日・お盆・年末年始の金曜は営業）

店主のシゲさんとのツーショット。

銭湯ハンコ作家の廣瀬十四三さんに依頼して作っていただいたハンコを、シゲさんにプレゼントしました。

沖縄・沖縄市

ユーフルヤー中乃湯

1958年（昭和33年）ごろの沖縄には300軒ほどあったという銭湯も、スーパー銭湯は別として、現在は中乃湯のみとなってしまった。20年前に沖縄の銭湯巡りをしたときには5軒あったのに……。その唯一の中乃湯は、国道330号のバス停「安慶田」からすぐ。沖縄の人たちは銭湯のことを〝ユーフルヤー（湯風呂屋）〟と呼ぶそうだ。

90歳に手が届くという店主の仲村シゲさんによると、1960年（昭和35年）ごろの創業だという。

建物は沖縄らしいコンクリート造りで、フロント式だが、シゲさんはいつも入口横のベンチに座ってお客を迎えてくれる。内部は、沖縄独特の脱衣場と浴室が繋がったワンルーム式で、近年、湯船と床を改装した。

ところで、壁の注意書きを見ると、湯船を〝池〟と書いてある。そういえば、中国の銭湯映画を見たとき、湯船を池と呼んでいたことから謎が解けた。すなわち、沖縄の入浴文化は大陸の影響を多少なりとも受けているということで

ニッポン最南端の銭湯にして、沖縄唯一の銭湯

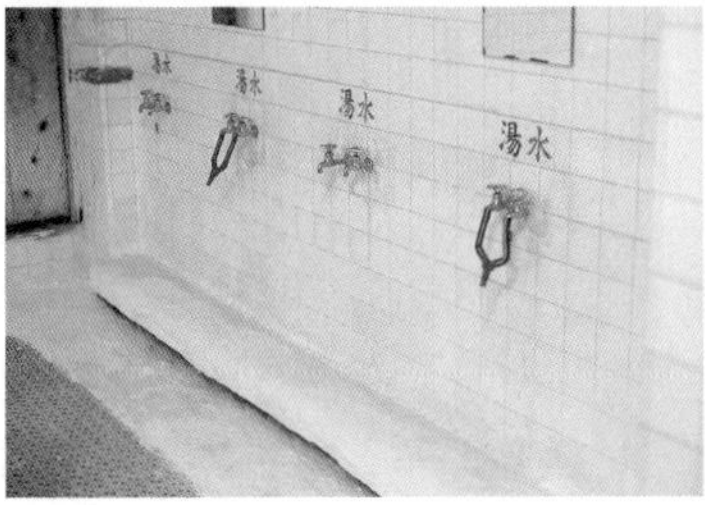

上：浴室と脱衣場はほぼワンルーム。よそではなかなかお目にかかれない独自の様式だ。カランの位置も注意書き看板も独特。

ある。

　また、カランも独特で、座った際、頭の正面の位置にY型のゴムホースが設置されている。湯加減を調整するのだが、熱いほうだけだとかなりの高温なので注意が必要だ。かつて沖縄の銭湯は、すべてシャワーだけで湯船がなかった。

　湯は地下300mから汲み上げている天然温泉。全国各地から銭湯愛好家が訪ねてくる名銭湯だ。

ユーフルヤー中乃湯

沖縄県沖縄市安慶田1-5-2
営 14時～20時
入浴料 370円
休 木曜、日曜

発祥は神田猿楽町!

銭湯の代名詞的存在 “ペンキ絵”誕生物語

川越広四郎がキカイ湯に描いた見事な富士山。この写真は、出来がよかったので、当時写真館に依頼して撮影してもらったという。画面に直接、現在の飯田橋付近の広告が掲げられている。（町田忍所蔵）

銭湯といえば、広い浴室の正面にある壁いっぱいの巨大な富士山のペンキ絵、というイメージが強い。しかしこれは基本的には東京型銭湯に限られたアイテムである。

時は1912年（大正元年）、東京は現在の神田猿楽町に1971年（昭和46年）まで営業していた「キカイ湯」。二代目の主人・東雄三郎さんが、お客の子どもたちに喜んでもらおうと思い立ち、知り合いの画家・川越広四郎（1884〜1933）に浴室の木の板塀に絵を依頼したことに端を発する。

広四郎は、静岡県掛川出身だった。富士山の絵を描いたのは当然のことだろう。私が取材したのは1995年（平成7年）のこと。キカイ湯跡地に住んでいた三代目の東堯さん（故人）は、絵の描かれた大正元年生れだ。

こちらは徳島・高松の栗林公園の広告として。画面に『面白倶楽部』の宣伝があり、この雑誌は1916年（大正5年）に講談社より創刊されたので、それ以降に描かれたものである。浴室で注目すべき点は、床が木製で中央に溝があることと、カランはなく左の槽の湯を利用していたこと。浴槽と壁一部のタイルは正確には不明だが、おそらくきらびやかな「マジョリカタイル」であろう。照明はガス灯と思われる。時代的には大正中期の大変貴重な写真と言える。
（町田忍所蔵）

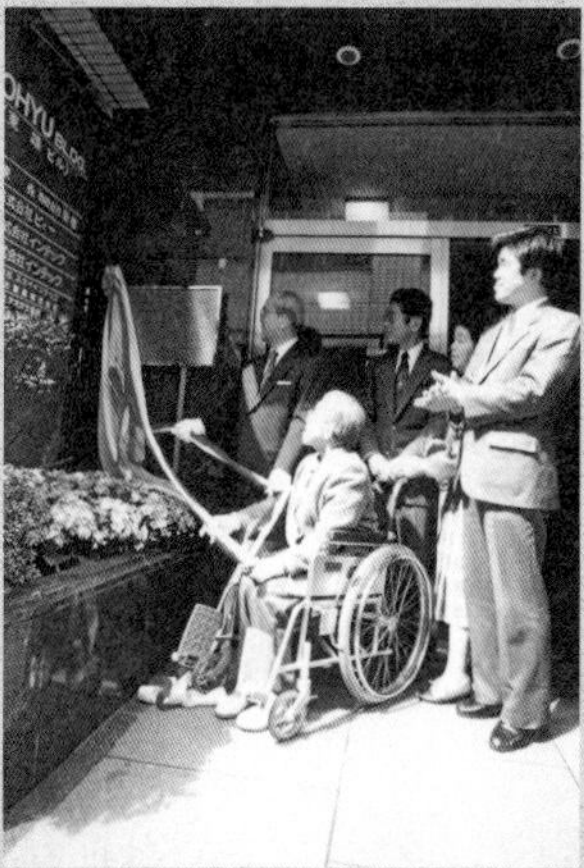

1992年（平成4年）、キカイ湯跡地に"ペンキ絵発祥"の地としての記念プレートが設置された。写真は除幕式。このセレモニーに私も出席した（撮影＝町田忍）。

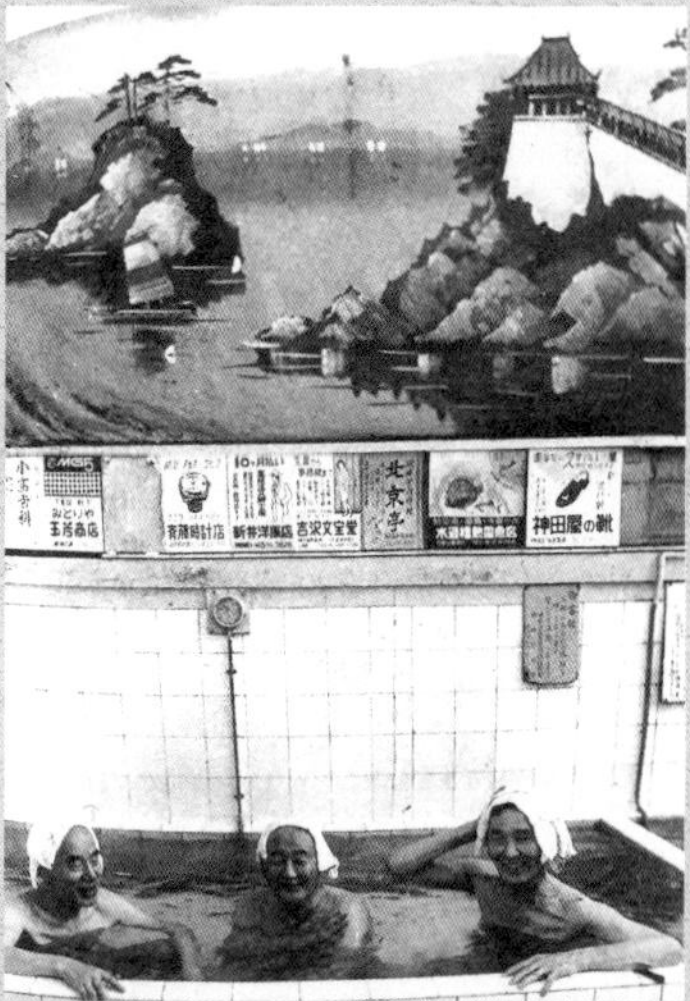

昭和40年代のシーン。現在も残る中華料理店「北京亭」の広告も。これらの貴重な写真は遺族の方々から私が譲り受けたもの（提供：キカイ湯）。

堯さんによると、絵は夜間に描きはじめられ朝までには仕上がったという。男性側は富士山、女性側は子どもが多いので、蒸気機関車が描かれていた（当時の蒸気機関車は現在の新幹線にあたる）。なにしろ、それまでの銭湯は殺風景な板張りが多かった。そこに絵が描かれたことは、またたくまに東京中の評判となり、すぐ広告代理店がそこに目をつけ、絵の下に広告が入ることになった。銭湯は多くの人が集まる場所として広告には適した場所でもあったからだ。

ちなみにラジオの一般放送は1926年（大正14年）のこと。広告代金で毎年新しい絵が描き替えられるというシステムのおかげで、銭湯のペンキ絵はますます広まったのだった。

ペンキ絵
ギャラリー

東京・練馬区
「北町浴場」
町田忍 画

東京・足立区
「千代の湯」

東京・中央区
「木村湯」

東京・墨田区
「曳舟湯」

福島・喜多方市
「やなぎの湯」

東京・世田谷区
「奥沢湯」

神奈川・鎌倉市
「たきの湯」

山形・山形市
「日の出湯」

タイル絵
ギャラリー

東京・台東区「梅の湯」

東京・世田谷区「松の湯」

東京・目黒区「三谷湯」

東京・目黒区「松の湯」

東京・墨田区「松の湯」

東京・渋谷区「第二桜湯」

東京・目黒区「平和湯」

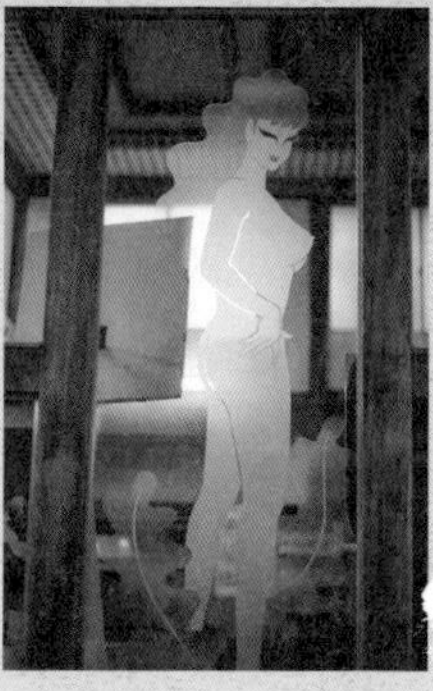
東京・目黒区「松の湯」

ガラス絵も……

富山・高岡市「えびす湯」

ストイックなる"熱つ湯"の世界

老いも若きも性別問わず、
国籍無用で銭湯への注目度が高まるなか、
銭湯通への通過点といえば、「熱つ湯」!?
なにはともあれ「熱つ湯」に浸かるべし。

熱つ湯体験者=とねくん　撮影&文＝編集Y

丸子温泉

神奈川・新丸子

49℃
うぉぉおぉぉ！
アツい、熱いッすぅ！
水風呂
注意　高血圧、低血圧、心臓病、その他
医師より入浴を禁じられている方は
御遠慮ください。
この水風呂は、冷水機使用しております。

熱つ湯とは？

湯の温度は、一般に38℃～40℃が適温とされているが、「熱つ湯」は42℃を指す。ぬるめの湯にゆっくり半身浴というのもいいが、熱つ湯にサッと浸かると、交感神経が優位になり心身を活性化してくれるという。

＊くれぐれも心臓に持病のある方、血糖値が正常でない方はお気をつけください。

熱つ湯のお作法

いきなり「熱つ湯」に浸かるのは無謀。いえ、「熱つ湯」に限らず、まずは「かけ湯」をするか、しっかりカラダを洗ってから入浴を。かけ湯などで肌の表面温度を上げてから、ゆっくりと浸かり……慣れてきたら肩までを沈める。そこで大切なのが「16℃～22℃程度の水風呂」。「熱つ湯」と「水風呂」を交互に入って、究極の気持ちよさを味わいたい。

丸子温泉

神奈川県川崎市中原区新丸子675
営 15時〜22時30分（土曜・日曜は12時〜）
休 金曜

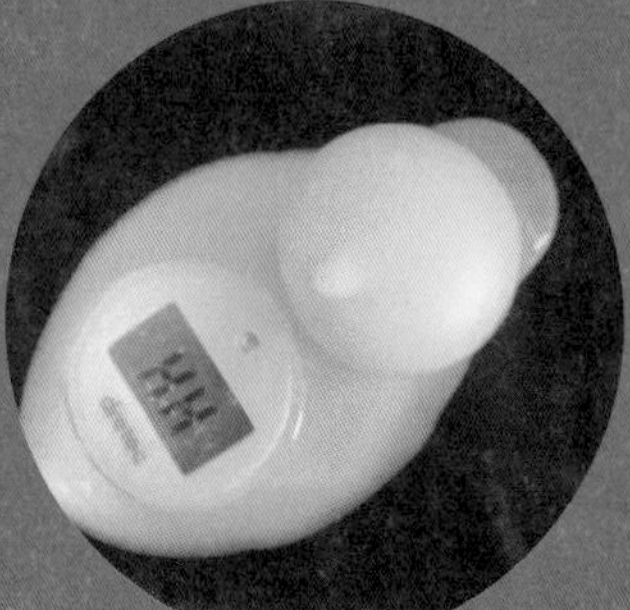

アヒルの水温計はお湯が熱すぎて計測不能に!（以下同様）

その温度、東京近郊ナンバーワン！

神奈川〜東京大田区あたりは天然温泉の宝庫で、黒くてアツアツの温泉をワンコイン以内で満喫できるのが魅力。なかでも熱つ湯で知られるのが「丸子温泉」で、番台にマッサージ機、おかま型ドライヤーなどレトロな佇まいにもそそられる。創業は戦後まもなく（登記は昭和26年）。以来、地域の人々にとってなくてはならぬ憩いの場となっており、現在切り盛りするのは三代目の髙 宏充さん。コピーライターを経て家業を継いだ異色の存在だ。「同級生に、4軒ほど銭湯がありましたが、今はもうウチだけです」と、昨今の銭湯状況をうかがいつつ、清掃したばかり&アツアツの湯をいただきます！それにしても、浴室に足を踏み入れた途端、メガネは真っ白、カメラのレンズもモヤモヤっと。これぞ、ウワサに違わずの熱つ湯である証拠。湯船からはモウモウと湯煙が出ており、いるだけでお肌が潤ってくる。いやはや49C！ 参りました！

風呂上がりの一杯どころか、しっかり定食もある宴会場で休憩を

蒲田温泉

東京・蒲田

虹の都 光の港 キネマの天地 ~♪ でおなじみの蒲田は“銭湯天国”。「蒲田温泉」はなかでもつとに知られた存在で、某人気女優さんが“蒲田温泉Tシャツ”を着てフライデーされたこともあるほど。知名度を後押しするのは、なんといっても名物の「黒湯」だ。一見、真っ黒だが、手ですくえばうっすらと透けて美しい。けれども白いタオルを浸せば（桶にためた湯で）、たちまち茶色に変わる。つまり、それだけ濃厚な成分を秘めた湯であるのだ。美肌ばかりでなく、ケガにもいいとあって、かつては近隣の整形外科の入院患者さんが湯治に来ていたという。この良質な黒湯が湧き出したのは1937年（昭和12年）のこと。「戦前は人に貸していましたが焼け野原になってしまって。銭湯大工だったおじいちゃんが建て直して、自分で経営を始めたんです」とは女将の島 雪江さん。ということで、開店直前のなみなみと“たゆとう”黒湯にチャレンジを。浴室はすでにモウモウとしている。黒湯に徐々にカラダを沈めては、水風呂との交代浴をするにつれ、気持ちよさが積み重なっていく。

とことん“湯”を堪能したあとは二階の宴会場で休息を。「蒲田温泉」の名物・その2は充実のフード&ドリンクメニュー。ビールと、女将さんお手製の釜飯もいただけば、お腹も満たされ……広間にゴロンと転がってもよし。マイペースに過ごして癒やしの 一日を。

蒲田温泉
東京都大田区蒲田本町2-23-2
営 10時～翌1時
休 無休

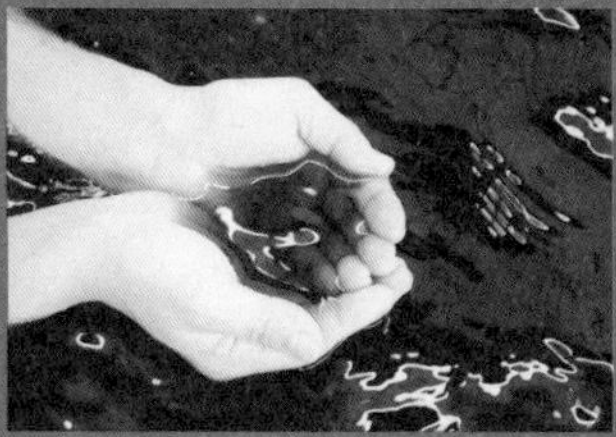

日替わりの薬湯風呂。
その数、なんと100以上！

寿湯

東京都台東区東上野5-4-17
営 11時～翌1時30分（最終受付1時5分）
休 第3木曜、1月1日・2日

45℃

寿湯

東京・稲荷町

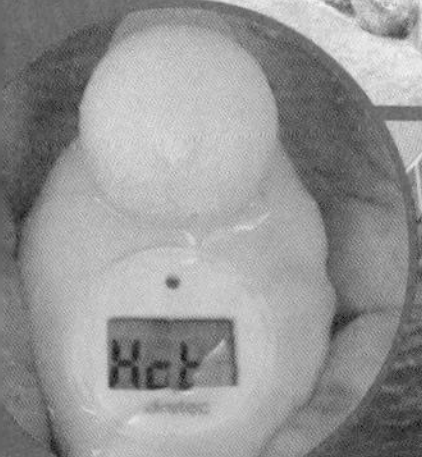

稲荷町駅からほど近く。千鳥破風と唐破風を備えた堂々たる佇まいの「寿湯」。熱つ湯が知られるが、それ以上に「とにかくピカピカ、清潔で気持ちがいい!」と評判がスコブル高い。……と記すと、他所は違うの?となりがちだが、そうではない。ただただ、群を抜いてピッカピカなのである。そこには早朝からの徹底した清掃と、「お客さんに気持ちよく入浴してほしい」という思いがあってこそ。取材におじゃました際、清掃の様子をほんの少しだけ覗き見したが、働く方々の様子に目を奪われてしまった。そう、銭湯取材は基本、「開店前」と決まっている。となると、清掃直後の真っさらな場に身を委ねることができ……取材者冥利に尽きる。ありがたし。ひとしきり感心したのち、とねくんが「いただきますっ!」と薬湯に。彼にとっては“慣れた”45℃だが、いつも以上に穏やか〜。「熱いけれども、戦っているのではなく、心地のいい熱さ。香りからのリラックス効果もあると思うっす!」。さらにこの日は「生・緑茶風呂」で、かすかに漂う爽やかな茶葉の香り、おそらくカテキンもお肌にいいに決まっている。湯上がりには缶チューハイを。お供は缶詰。電子レンジで温めてくれるなんて、立ち飲み屋さんよりも親切なのだった。

下足箱あれこれ

“銭湯ならではの”アイテムをチェック！

斜めに差すのか？

それとも垂直か？

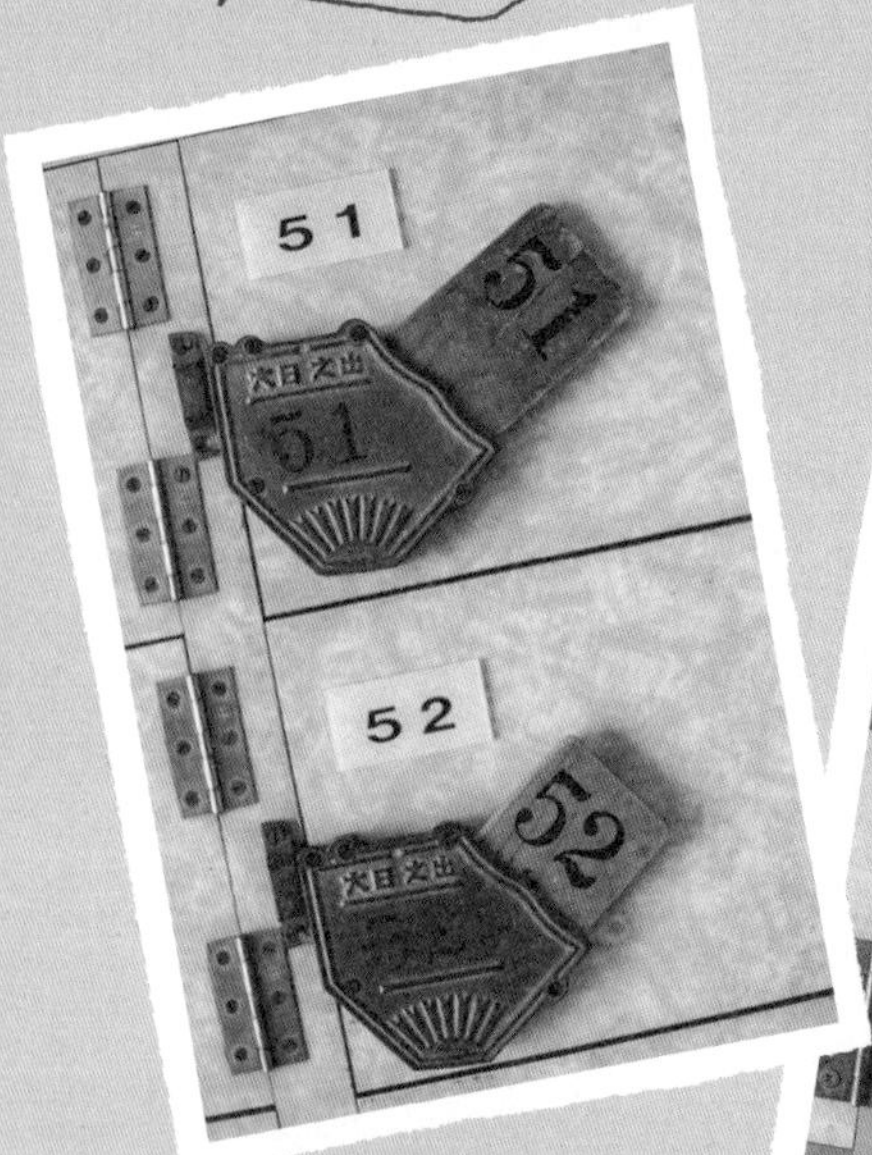

大阪「源ヶ橋温泉」

“富士錠”製

下駄箱なのか？　下足箱なのか？　シューズボックスなのか？……と、しばしば、その呼び名に悩まされるが、“大勢の人が脱いだ履物”の意を持つ下足を尊重して「下足箱」とする。江戸時代の銭湯では、蓋がなくただ棚に置くのみだった。その後、下足箱が登場し、以前は下足番のいた銭湯もあったらしい。銭湯に限らず、お料理屋さんもそうだが、お客の顔と履物を記憶していたのがすごい。

　下足箱の設置してある場所も、地域などで異なる。東京あたりは銭湯の規模が大きいので入口に下足箱の独立したスペースがある。ほかの地域は、入口を開けるとすぐ脱衣場となり、そこに下足箱が置かれていることが多く、また番台下にあることもある。

　さて、その形状だ。銭湯の下

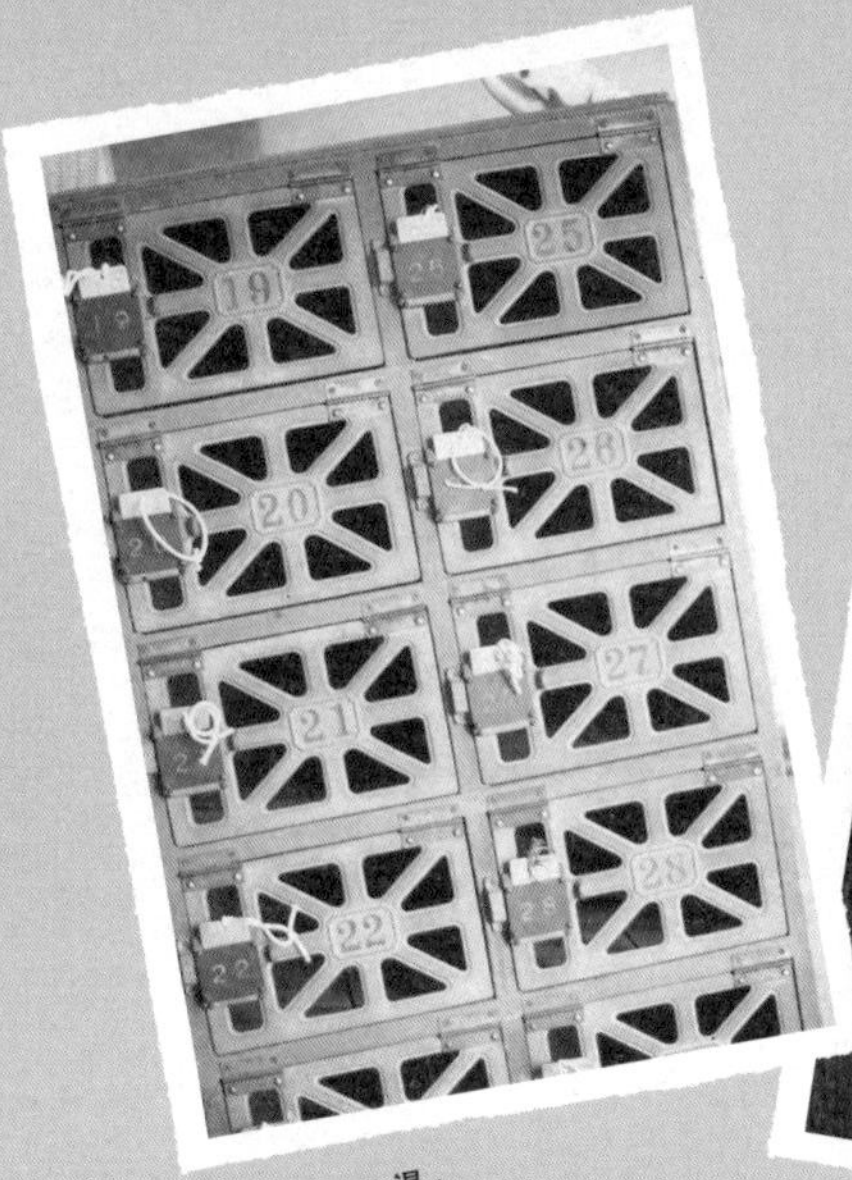

愛知「みその湯」

愛知「日本鉱泉」

愛知「桜湯」

兵庫「桜湯」

足箱は、鍵にあたる部分が〝大きな木札〟であるのが特徴で、たまに金属製のこともある。私の父は、この木札に腕時計をはめて番台に預けていた……そんな記憶が残っている。

木札を差し入れる蓋の金具部分には、その鍵メーカーの名前やマークが入っており、「松竹」「富士」「カナリヤ」「おしどり」などが有名だ。珍しいものとしては、中の履物が透けて見える金属製の蓋もある。

この下足札の番号だが、以前は1番、3番あたりが人気で、すぐに使われてしまっていた。もちろん、おわかりでしょう？

そう、かつての王&長嶋の背番号である。少し前ならイチローの51番、松井の55番で、今年はおそらく、大谷の17番だろう。下足札の人気番号にも時代を反映されているのが面白い。

銭湯営業に不可欠な——各種銭湯許可証

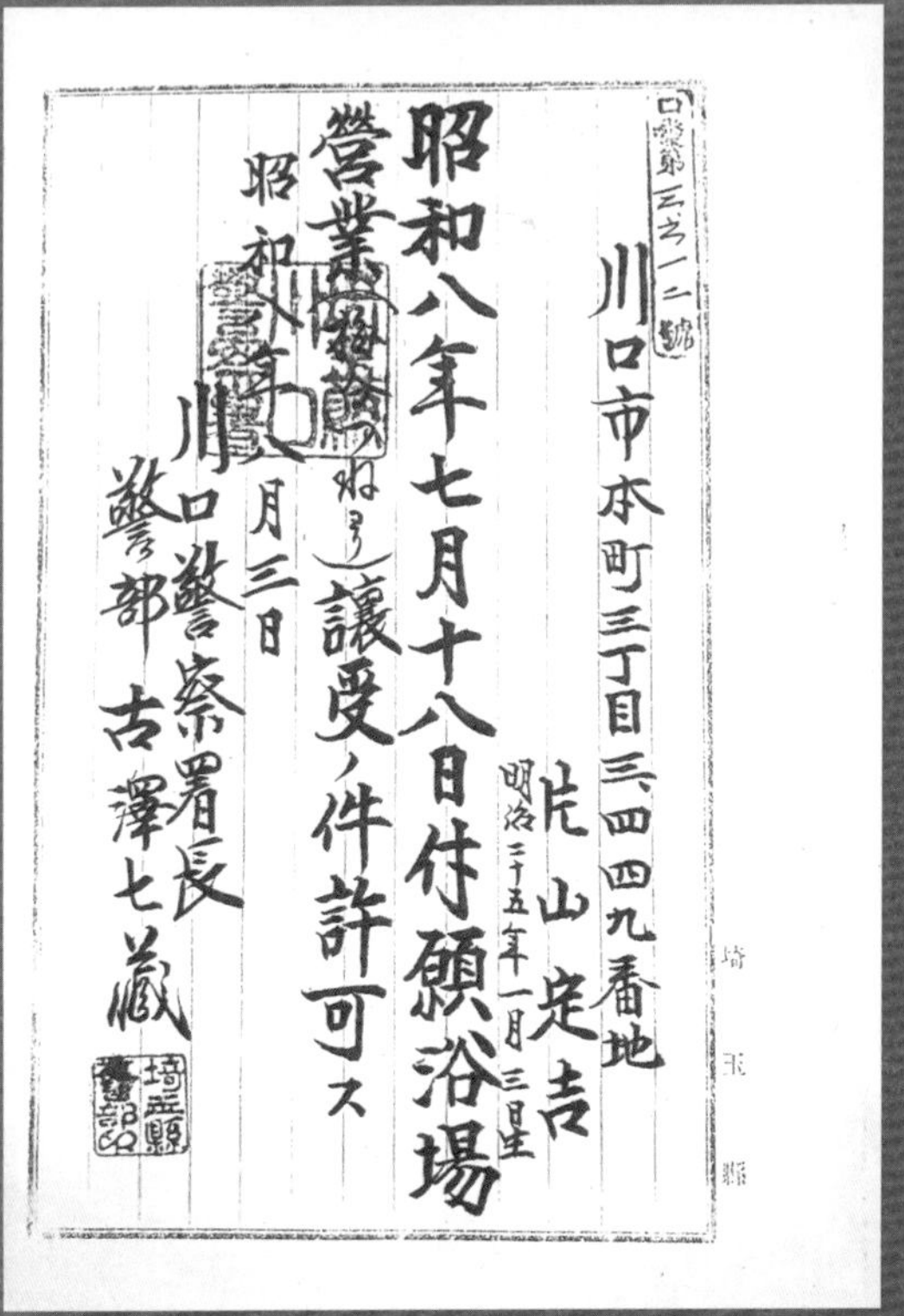

川口市本町三丁目三四四九番地
片山定吉
明治三十五年一月三日生
昭和八年七月十八日付願浴場
営業譲受ノ件許可ス
昭和八年八月三日
川口警察署長
警部 古澤七藏

銭湯の営業を許可した証明書。警察が発行していた。（町田忍所蔵）

銭湯は公衆性が高く、また衛生の観点からして監督官庁からの規制などこと細かに定められている。現在の規制よりも戦前はかなり厳しく、さまざまな許可が必要であった。

東京を例に挙げると、1917年（大正6年）、それまでの〈湯屋営業取締規則〉が一部改正され、入浴料金は警視庁の許可制となった。銭湯は不特定多数の人が出入りし、火も扱うため、治安や安全上の問題があったからである。ちなみに戦前は、内務省により消防行政は警察行政の一環として行なわれていた。

衛生面においても同様で、1926年（大正15年）の〈電気治療器設置認可証〉は、日本における電気風呂史を知るうえでも貴重な資料である。ここでは紹介していないが、銭湯で販売する商品（化粧品・石鹸・歯磨き・シッカロール・カミソリなど）については、1942年（昭和17年）当時は〈企業許可令第七條ニ依ル事業報告書〉という書類を所轄知事宛に報告の必要が定められていた。現在、衛生関係は保健所の、料金は東京では生活文化局の扱いとなっている。

今では想像もつかないが、かつては意外なものにも許可が必要であった。1925年（大正14年）7月12日に本放送が開始されたラジオも許可制であった。

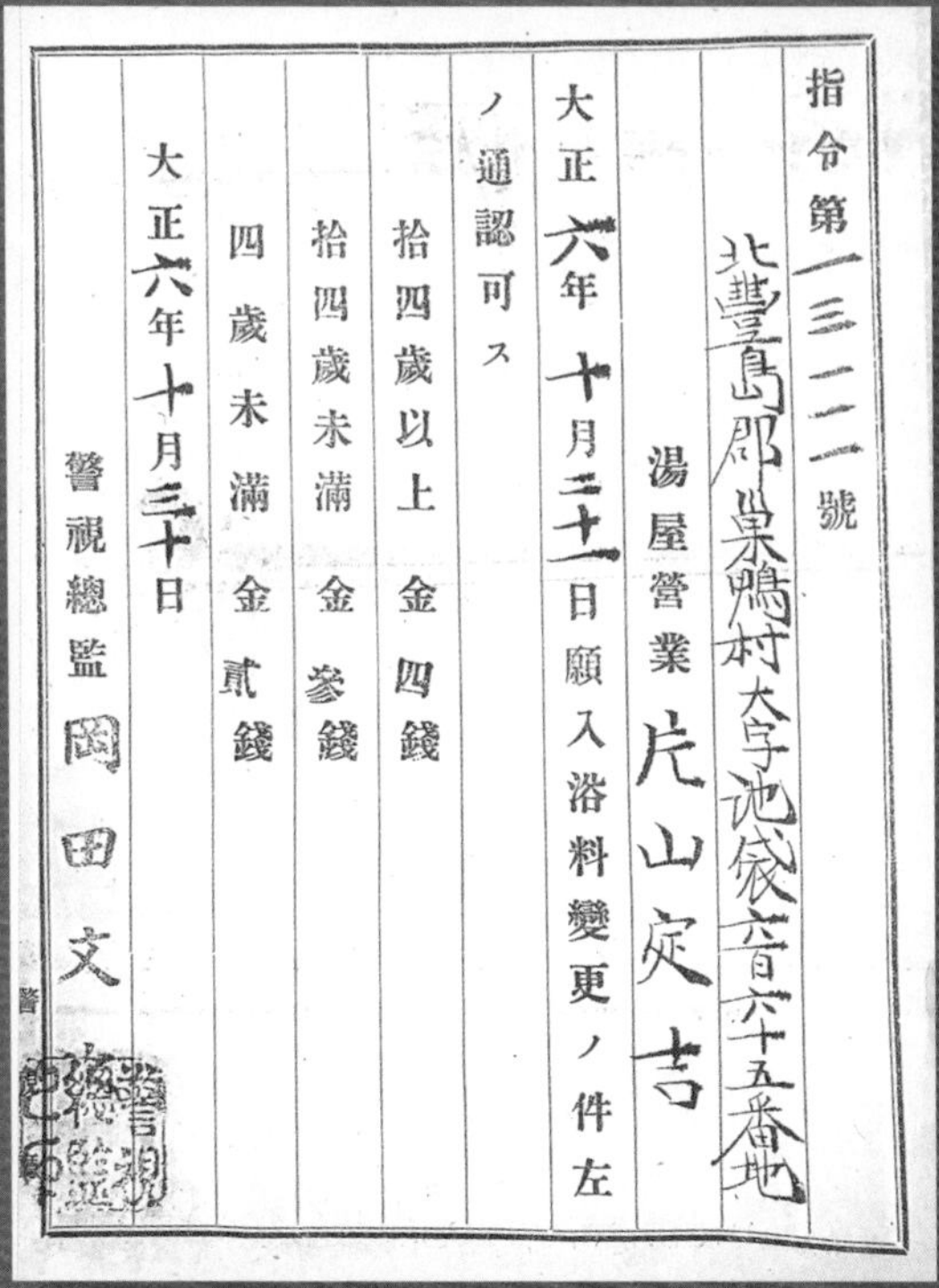
指令第一三二二一號

北豊島郡巣鴨村大字池袋六百六十五番地

湯屋營業 片山定吉

大正六年十月二十一日願入浴料變更ノ件左

ノ通認可ス

拾四歳以上 金四錢

拾四歳未滿 金參錢

四歳未滿 金貳錢

大正六年十月三十日

警視總監 岡田文

入浴料金を認可した書類。
こちらは警視総監の名が。
（町田忍所蔵）

保健所に提出したことの証。
（町田忍所蔵）

〈聴取無線電話施設許可書〉がそれで、聴取無線とはラジオのことである。発行は東京逓信局だった。

設置場所は巣鴨にかつてあった銭湯である。ここで注目したのは、設置された年が〈大正15年〉である点だ。本放送が始まってまだ一年余。早々に設置していることは大変なことだった。なぜならば当時のラジオはかなり高価で、一般人はおろか街頭ラジオに大勢の人が集まったほど。すなわち、当時の銭湯がいかに経営的に恵まれていたかを物語っている貴重な資料といえよう。

当然、テレビもしかりで、1953年（昭和28年）に登場した際も、銭湯はすぐさま導入していた。つまり、銭湯は、庶民にいち早く情報を提供するという役目も担っていたのだった。

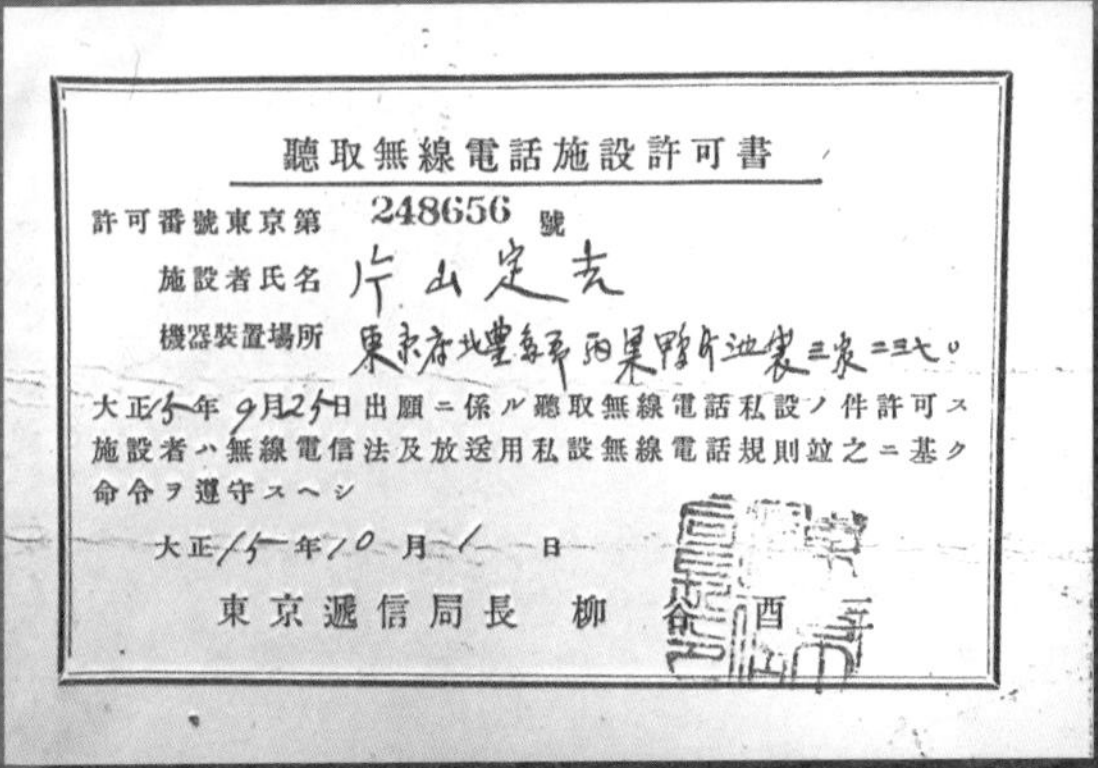
聴取無線電話施設許可書
許可番號東京第 248656 號
施設者氏名 片山定吉
機器裝置場所 東京府北豊島郡西巣鴨町池袋二三七〇
大正15年9月25日出願ニ係ル聴取無線電話私設ノ件許可ス
施設者ハ無線電信法及放送用私設無線電話規則竝之ニ基ク命令ヲ遵守スヘシ
大正15年10月1日
東京遞信局長 柳谷西

「聴取無線電話設置許可書」は
ラジオを置くための証明書（大正15年）。
ラジオ放送はこの1年前にはじまった。

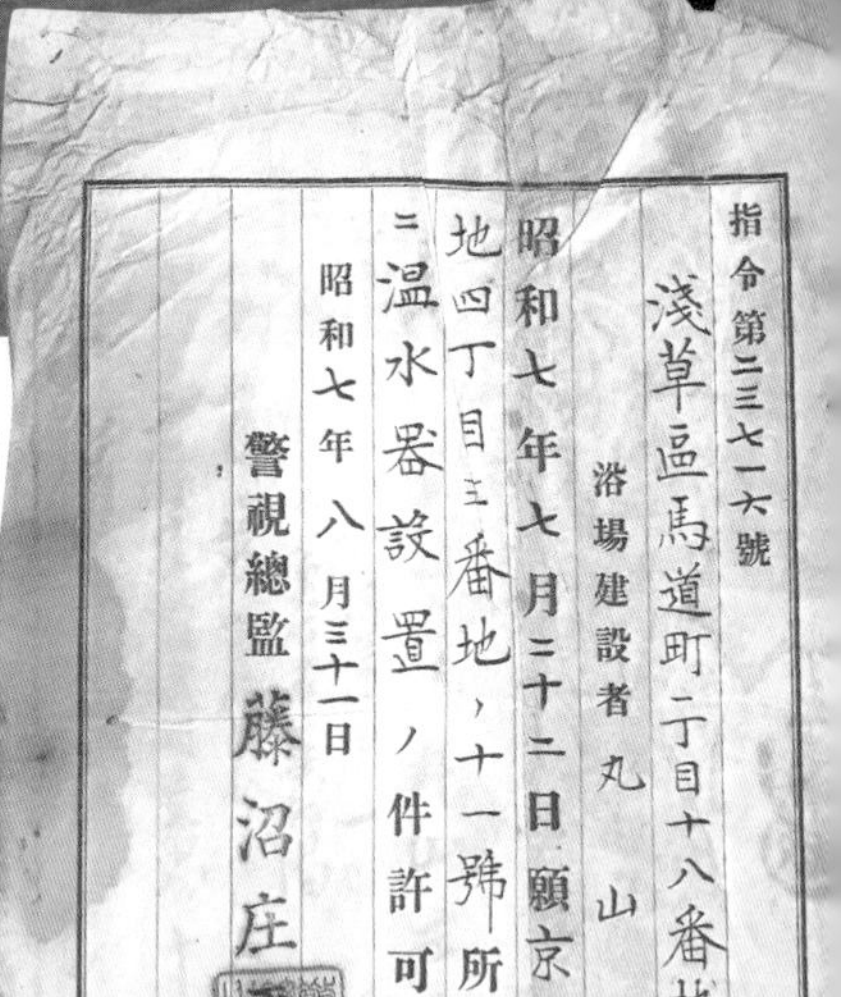
指令第二三七一六號
淺草區馬道町二丁目十八番地
浴場建設者 丸山三良
昭和七年七月二十二日願京橋區築地四丁目三番地、十一號所在浴場ニ温水器設置ノ件許可ス
昭和七年八月三十一日
警視總監 藤沼庄平
警視廳

温水器設置の許可証。

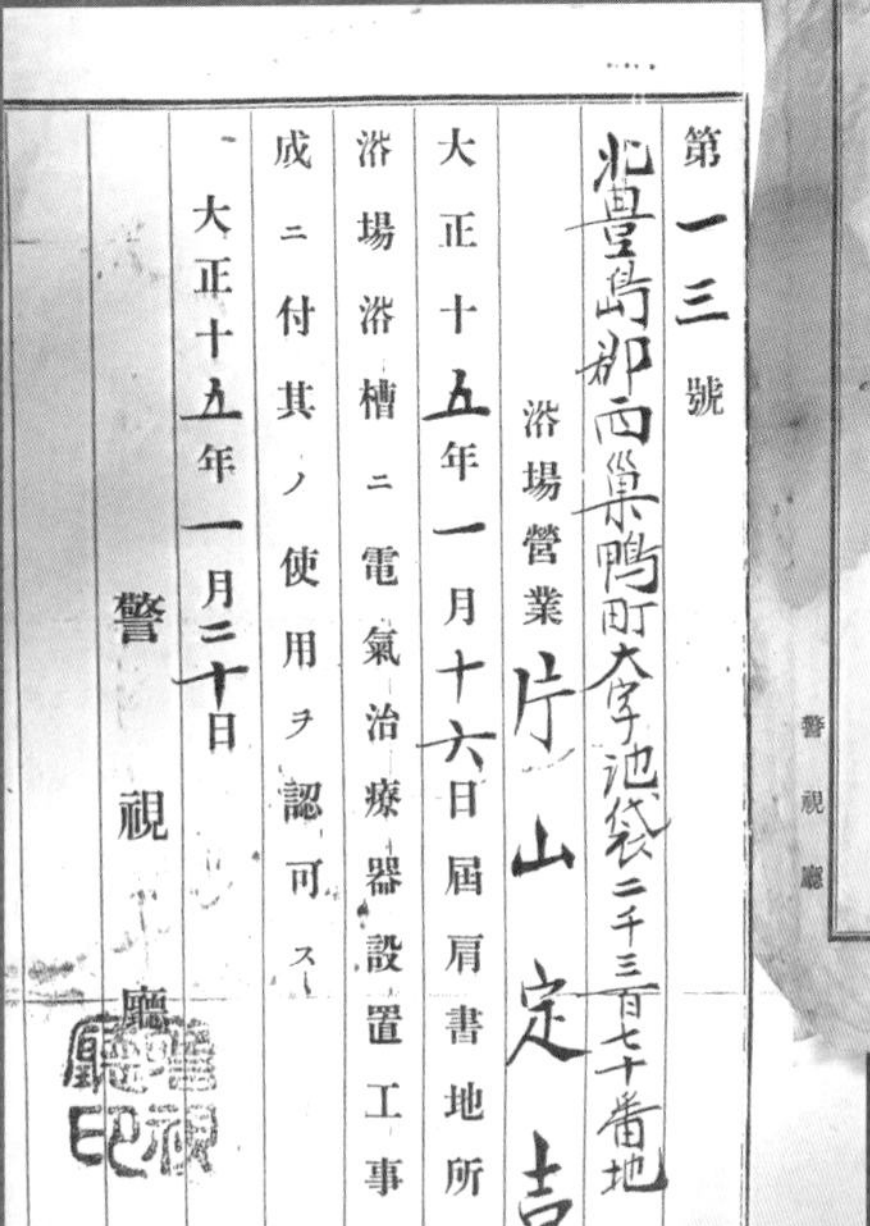
第一三號
北豊島郡西巣鴨町大字池袋二千三百七十番地
浴場營業 片山定吉
大正十五年一月十六日届肩書地所在浴場浴槽ニ電氣治療器設置工事落成ニ付其ノ使用ヲ認可ス
大正十五年一月二十日
警視廳

電気治療器設置許可証。電気風呂の許可証で、
大変貴重な資料。

ウンチクだらけの『銭湯パラダイス』。かつての新聞記事から、こんなネタも拾いました。

銭湯にまつわるエピソードを紹介しよう。銭湯の経営者は結束の強い組織である。組合とは別に、出身地ごとの組織もあり絆が強く、郷土から親類を呼んで銭湯の支店を任せたりして組織を拡大してきた。その結果、いわゆる「護送船団方式」という、どこの銭湯も同じようなサービスとなる。そんなふうに、銭湯全盛期の戦後から昭和30年代の、銭湯がどんどん増えていた時代の話である。

ちょうどそのころ、「ドテキン」という言葉が登場してくる。ドテキンは〝土手金〟と書いた。それを物語る新聞記事を紹介したい。その内容は、銭湯経営者としては珍しく、北陸三県の出身ではなく、都内出身の経営者の話である。一部原文引用してみよう。

〈フロ屋というのはいい商売だ。オレのところみたいに、お客が七、八百の小さい家でもやっていけます。フロ銭十二円でもやっていけます。十五円でもうからない、なんてウソだよ。もう二ヶ月十二円でやって来たが、組合からウルサクいって来る。オレはフロ屋はシロウトだ。この商売では新潟・富山・石川の三県以外の人間はみなシロウトです。この三県が東京の浴場主の九割を占めている、と聞けばちょっとばかり驚きでしょうか。

「越後のナントヤラ」いまや花のお江戸をノシている図でさア。これが団結心の強いこと強いこと、郷党の子弟にノレンを分けて、ガッチリ親分子分で固まっている。組合の幹部はみんな三県です。だからフロ銭も組合で十五円だといえば十五円、下手に下げようものなら、どんでもないカスを食う。ドテキン事件てえヤツをお話ししましょう。（昭和30年6月3日・朝日新聞より）〉

ということで、この銭湯主がいかに苦労したかをさらに要約してみよう。

組合の指示に従わず、三円上げずに十二円のまま営業をしていたところ、周りの銭湯四軒が申し合わせて、自分のところの料金をたったの三円にしたという。結果、ついにこの店主は降参してしまった。この徒党を組んだ四軒をこそが〝土手金〟なのだ。

さて、この店主。嫌がらせにもめげず、テレビを購入して脱衣場に設置したところ、これが大当たり。しかし、ここでまた組合から「テレビ設置サービスは組合規定に反するからまかりならぬ」と指摘され、仕方なくテレビを撤去したという。

ちなみに、昭和30年当時のテレビ受像機の値段は約10万円。現在の額では約150〜200万円ほどはしている。この時代の銭湯の客数は（同記事によると）〈台東区の某銭湯は日に1500人の客が来ている〉と記されていることからも相当の利益があったと思われる。

現在は銭湯主も世代交代しており、そうそうこんな事態にはならないことを付け加えておく。

ちょっとばかり驚きでしょうか。

※上の資料は明治30年、昭和13年、昭和30年と、町田さんが蒐集した新聞記事。

銭湯の新しいカ・タ・チ

東京・墨田区
黄金湯

ＪＲ錦糸町駅北口から徒歩6分ほど。大通りを曲がると、ほどなく、スッとした白い暖簾が見えてくる。マンションの1階、間口を広く取った、一見、和風雑貨屋にも見えるおしゃれな店舗、そこが黄金湯《こがねゆ》の入口だ。黄金湯はもともと地元密着型の「ビル銭」（ビル型銭湯）だったが、現ご主人の新保卓也さんが経営を引き継ぎ、築35年の施設を完全リニューアル。入口から脱衣場、湯船、サウナな

老舗“ビル銭”が完全リノベーションで再生
SNSでも話題のニューウェーブ銭湯

天井の長いのれんはアーティスト・田中偉一郎さん作。男湯（女湯）にいる相手に「おーーーい」と呼びかける、昔ながらの銭湯風情が香る。受付にはDJブースを完備。ご主人の新保卓也さんは、黄金湯に近い「大黒湯」の三代目としても手腕をふるう。タイプの違うふたつの銭湯を切り盛りしている。

どすべてをゼロからつくり直し、２０２０年（令和2年）８月にリニューアルオープンした。

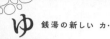

　黄金湯を訪れてまず驚くのは、従来の銭湯のイメージが覆えされるデザイン性だ。銭湯らしからぬ広い間口、ソリッドなデザインの受付&休憩スペースにはビアサーバー、ＤＪブースもある。
「築35年の旧黄金湯をリニューアルする際に、知人のアーティスト・高橋理子さんに相談したところ、高橋さんはじめ、すばらしいクリエイターさんとの出会いにつながり、われわれが銭湯にかける思いにすごく共感いただき、想像以上の形にしてくれました」と、新保さん。
　黄金湯のトータルなブランディングやロゴ、タオルや手ぬぐいな

浴槽は男女とも熱湯、中間、低温炭酸泉、水風呂というレイアウト。

黄金湯
東京都墨田区太平4-14-6 金澤マンション1F
☎ 03-3622-5009
営 10時～24時30分（平日・日曜・祝日）
15時～24時30分（土曜）※水曜のみ男女湯入れ替え
休 第2・4月曜

新旧のお客さんが訪れ、おのずとコミュニケーションが沸き立つ。姿は変われど、銭湯はいつでも人の心をあったかくしてくれる

どのデザインは高橋理子さんが担当。天井全体にぐるりと吊された長尺暖簾は、田中偉一郎さんの作。店舗デザインは、ブルーボトルコーヒーや中川政七商店を手がける長坂 常さんが手がけた。

長坂さんは、銭湯のデザインを手がけるのははじめてだったが、もともと銭湯や水回りのことが好きで、「ぜひやってみたい」と参画してくれたという。

浴室の壁絵は『きょうの猫村さん』でおなじみ、漫画家のほしよりこさんの手によるもの。富士山がメインのモチーフになっているが、そこに込められたストーリーがまた心を打つ。

「壁絵には物語があって、子どもが生まれて黄金湯で産湯に浸かり、成長して行商をするようになり、

かつて使われていた煙突を眺めながら外気浴ができる。サウナ隣接の水風呂は動線や深さが考えられたつくりに。旧店の看板や下足箱などを再利用し、歴史が受け継がれている。人間の一生と銭湯の関わりを描いた壁絵は、ほしよりこさんのオリジナル。

富士山を越え（ここで男女風呂をまたぐ）、そして結婚。子どもが生まれて、その子が黄金湯に来る」という物語になっています。世代が変わっても、銭湯文化を受け継いでほしいという願いが込められています」

　浴槽は男女ともに、熱湯・中間・低温炭酸泉と水風呂。水はすべて軟水化処理をして、水風呂は地下水汲み上げ＆掛け流し。奥さまの新保朋子さんが、デザインや動線、水風呂の深さなど細部まで考え抜いてつくったという、フィンランド式のオートロウリュウサウナも人気だ。

「黄金湯は、多くのクリエイターさんの協力で、従来とは違うアプローチで、新しい銭湯の形を目指しました。正直、銭湯の経営はなかなか大変だし、設備投資に莫大な費用がかかる。そこで諦めずにチャレンジすることで、それがひとつのモデルになり、一軒でも多くの銭湯が、次の世代に銭湯文化を伝えていければと思います」

　黄金湯のSNSには、女子高生をはじめ若いお客さんの写真が数多くアップされ、銭湯を楽しむ姿がほほえましく伝わってくる。若い世代のお客さんと地元の常連さんとのコミュニケーションも自然に生まれていたりするようだ。

　既存の銭湯のイメージにとらわれず、若い世代にも届くスタイルでリニューアルした黄金湯。階上にはまもなく宿泊施設もオープンするという。そこは間違いなく、いまの銭湯文化を次世代につなぐスポットになっている。

ん？

銭湯のようで銭湯でない。
はい、かつての銭湯施設を活かして、
まったく異なるスペースとして
生まれ変わったのが
<再生銭湯>なんですよ。

たいていの場合、銭湯は廃業すると
取り壊してしまう。しかし、
まれではあるが、銭湯とは異なる用途で、
その建物、空間が再び利用されることがある。
そうした銭湯の多くは、
戦前から昭和40年代に建てられたもので、
みな、伝統的な宮造りであり、
今となっては入手も難しい……贅沢な部材を
ふんだんに利用している点にある。
再生後の目的もそれぞれの事情により、いろいろである。
ただ、どこも、その広い空間を
有効に活用しているのが、大きな特徴であり、
すばらしい魅力でもあるのだ。
ここでは、第二の人生を過ごしている
いくつかの〝元・銭湯〟を紹介しよう。

一番上：崩された壁は、銭湯時代は男湯と女湯を隔てたものだった。左上：藤の森湯の名は地名にちなんで名づけられた。右上：銭湯だったころの様子。

船岡温泉からも近いよ

さらさ西陣　＊元「藤の森湯」
京都府京都市北区
紫野東藤ノ森町11-1
☎ 075-432-5075

銭湯→カフェに
さらさ西陣

京都の地下鉄鞍馬口駅を西に鞍馬口通りを15分ほど。唐破風屋根の、さらさ西陣というカフェが見えてくる。以前は「藤の森湯」という銭湯だった。

藤の森湯は１９３０年（昭和5年）ごろの築で、今もその姿のまま2階建ての木造だ。私がはじめて訪れたのは36年前のこと。もちろん、まだ銭湯として営業していた。特徴は、なんといってもマジョリカタイルである。マジョリカタイルとは極彩色でレリーフ状になったもので、それが浴室の壁一面に貼られていた。ということは、かなりの費用をかけて建てられたことがわかる。現在も、タイルの床がそのままで、異次元空間を満喫できる。

銭湯→レンタルスペースに

コワーケーションスペース 九条湯

ＪＲ京都駅から南方向に15分、もしくは九条駅から5分ほどの住宅街に、大きめの唐破風の銭湯がある。様式は典型的な伝統的京都様式で、東京型銭湯と異なり、二階部分は住居となっている。銭湯としては2008年（平成20年）に廃業したが、10年後の11月に現在の形でオープンした。

90年以上前に建てられた、この銭湯の再生で注目すべきところは、銭湯時代の名残をかなりの部分で留めている点にある。特に浴室はタイルの浴槽、浴槽角の岩までそのままで、湯を入れれば、今でも入浴できるほど……うまく残されている。私の知るかぎり、ここまで銭湯の構造を残して再生した例はほかにないだろう。

浴室にあるバーカウンターは、

DIYでつくられたという。これからも、いろいろな可能性を期待できる元・銭湯である。

右：元女湯の脱衣場がワーケーションスペースに。写真上から順に：大きな唐破風屋根。格天井には、お約束のレトロな扇風機が。在りし日の姿のままの浴室。左：番台もそのまま。

コワーケーションスペース
九条湯　＊元「九条湯」
京都府京都市南区東九条中御霊町65
https://kujoyu.com/

私が荏の花温泉をはじめて訪れたのが40年ほど前のこと。近所ということもあり、親しみのある銭湯だった。特徴は外観がカーブのある堂々たる唐破風、そこには銭湯では珍しい「天女」の懸魚《げぎょ》飾りがあった。残念ながら、現在この天女は残っていない。

当時のご主人・田村徳三郎さんによると、創業は大正末期で、この建物は1961年（昭和36年）の築だという。湯は、東京の温泉ならではの独特な茶褐色で、もちろんペンキ絵もある、いわゆる典型的な東京型銭湯である。

廃業したのち、2015年（平成27年）に、近所の工務店の社長である柳田久光さんが予想以上の発想でリニューアル。脱衣場を鉄板焼きスペースに、浴室を釣り堀

銭湯→釣り堀&お好み焼き屋さんに

旗の台つりぼり 笑山

旗の台つりぼり 笑山
＊元「荏の花温泉」
東京都品川区旗の台2-4-4
☎ 03-6426-9271

釣り堀とペンキ絵、なんら違和感なくマッチする光景だ。釣り堀は男湯、女湯の両方にある。

にしたのである。〝飲食店とつりぼり〟とは！と驚かされるが、水回りという共通点があるので工事は楽だったという。

釣り堀には、大きな鯉が数多く泳いでいる。ちなみにキャッチ・アンド・リリースである。

お好み焼きは
脱衣場で（笑）

上：おたふくソースの幟も難なくマッチ。右：鉄板焼き、もんじゃ焼き、一品メニューなどあれこれ揃う。コロナ禍の現在は休業中。下：お気に入りの銭湯のひとつだった荏の花温泉。在りし日の湯船に浸かる私と中島銭湯絵師。

銭湯→オフィス・ラウンジに

レボン快哉湯

東京・台東区の下谷にありながらも、運よく空襲の被害から免れた快哉湯《かいさいゆ》。1928年（昭和3年）に建築された銭湯で、奥の屋根にふたつの三角屋根を備える珍しい構造である。

レボン快哉湯　＊元「快哉湯」
東京都台東区下谷2-17-11
www.rebon.jp

左上：以前の風情を残したまま佇んでいる。右上：銭湯だったころの浴室。右下：イベントや展示、講習会などに利用できるスペース。カフェでは自家焙煎のコーヒーとアイスでほっとひと息。下：番台の名残。

惜しくも廃業したのは2016年（平成28年）11月。その3年後の4月に〝オフィス・ラウンジ〟として再生した。脱衣場は「レボン」という名のオリジナルコーヒーを飲めるカフェであり、一般も利用できる。

快哉湯の再生施工を担当して、現在、〝かつての浴室〟を事務所として利用している中村出さんによると、「この銭湯をどうにかして残したい。なるべく銭湯のカタチのまま再生したいというオーナーの要望に応えた」という。壁や建具の状態が非常によく、そのまま使うことに。耐震構造も鉄骨を使わず、木材を用いた。

そうそう、嬉しいことにペンキ絵は、早川利光絵師による〝岩にぶつかる迫力ある水しぶき〟絵だ。

文化財として生きる、生きていた「銭湯」

愛媛県の今治はタオルの生産で有名である。そんな今治市の中心部の中心街の一角に、異様なまでに巨大な、教会のような建物がそそり立つ。実はこの建物は、2014年（平成26年）3月まで銭湯であり、宿泊施設としても営業していた「今治ラヂウム温泉」なのである。

創業は1919年（大正8年）のこと。瀬戸内海・大島出身の実業家・村上寛造が大阪の「千人風呂」をヒントにこの地を開発し、歓楽街にまで発展させた。施工は大阪から業者を呼び寄せ、完成させたとのことだ。創業家によると、オランダ人技師に設計させたという。当時の日本では、これほどの技術はまだ難しかったのではないかと予想されている。

外観に目を移そう。前面に飛び出た塔があり、一部は後から増築した宿泊施設となっていた。見どころは、高さ10mほどの浴室となる八角型のドームだ。二階の広い空間は、かつてはダンスホールとして使用されていた。

戦時中は、空襲でこの付近の建物はほとんどが焼けてしまったにもかかわらず、焼失は免れた。

終戦後、焼け野原のなか、各地からの復員兵がこの建物を見て方向を見極め、自分の家を探したという。

2016年（平成28年）に国の登録有形文化財に登録された。現在休業中ではあるが、過去には、スペシャルライトアップや建物公開、今治ラヂウム温泉の魅力に触れられるオンラインツアーなど、各種イベントも開催されたことがある。いつか……ふたたび入浴できることを期待している。

今治のランドマーク。こちらはジオラマではなく実際の写真。近代建築と浴場文化の歴史を伝えてくれる。
写真提供：今治ラヂウム温泉

今治ラヂウム温泉
愛媛県今治市共栄町4-2-9
https://imabari-radium.com

今治にそそり立つ、在りし日の姿をジオラマで再現

ジオラマ制作＝山本高樹＆町田 忍

上：精巧に再現されたジオラマ（所蔵：今治ラヂウム温泉）。下：クリスマスで特別にドームにキャンドルが灯された、1日限りの建物公開が開催され、私も解説者として参加した。

今治ラヂウム温泉

ジオラマ制作＝山本高樹＆町田 忍

昭和モダニズム建築を色濃く残す姿をジオラマに

源ケ橋温泉
大阪府大阪市生野区林寺
1-5-33

元

源ケ橋温泉

大阪の環状線、寺田町駅から林《はやし》寺《じ》の風情残るアーケードを数分歩くと、路地奥になにやら妙な建物が見えてくる。これが有名な源ケ橋温泉だ。見どころは多く、まずは屋根の「しゃちほこ」、朱色の瓦葺き、その下の左右の丸窓はステンドグラス、その間には二体の「自由の女神像」が鎮座している。自由の女神が手にした松明が〝温泉マーク〟になっているという、遊び心満載の外観だ。

ご主人の中島弘さんによると、「自由の女神とニューヨーク（入浴）の洒落でしょう」とのこと。〈戦時中は、敵国のシンボルということで、憲兵が「自由の女神」を外しに来たが、あまりにも頑丈に設置されているので諦めた〉というエピソードも。私の推測では

あるが、おそらくこの自由の女神は日本最古に違いない。
　1937年（昭和12年）築で、建築様式は昭和初期ごろ多く登場した「帝冠建築」という和洋折衷様式で、「上野国立博物館」「神奈川県庁舎」「名古屋市庁舎」も同様の建築様式だ。費用も通常の銭湯の四軒分かけたという豪華な造りだ。銭湯初の、国の登録有形文化財として1998年（平成10年）に登録された。
　さて、その外観は本体、塀ともにタイル張りで、入口両脇には屋号の由来となった源ケ橋の名の入った石柱が立っている。当初、二階はダンスホールやビリヤード場、美容院などがあった。戦後は飲食店、従業員宿舎などとして利用されていたが、現在は倉庫になっている。多いときは1000人以上の客で賑わい、順番待ちの列が外にまでできたという。
　隣にビルが建設されるなどの理由で維持が難しくなり、2019年（平成31年）1月に閉鎖されたが、不定期に開催されるイベント会場として利用されている。

右：軒先には湯上がりの女性、入浴前の親子が。ちなみに「N」の服の男性は、御店主の中島さんだ。上：浴室は石畳、浴槽は中央に設置されていた。薬風呂、電気風呂など種類も豊富だった。左：これが話題の自由の女神。

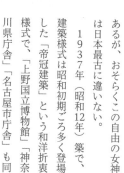

オマケの噺

じつは『銭湯パラダイス』の編集作業中に発覚したことがありまして。本書の出版社である山と溪谷社の創業者である川崎吉蔵（1907〜1977）の実家が「銭湯」だったのです！吉蔵氏が誕生する九年前（明治のことですよ）にはすでに銭湯「川崎屋風呂」であり、場所は新橋と品川の間を走る東京馬車鉄道の前にあったとか。

イラスト資料によると、1898年ごろ（明治31年ごろ）の川崎屋風呂は男湯、女湯とで建物が分かれており、非常に珍しいつくりだったことがわ

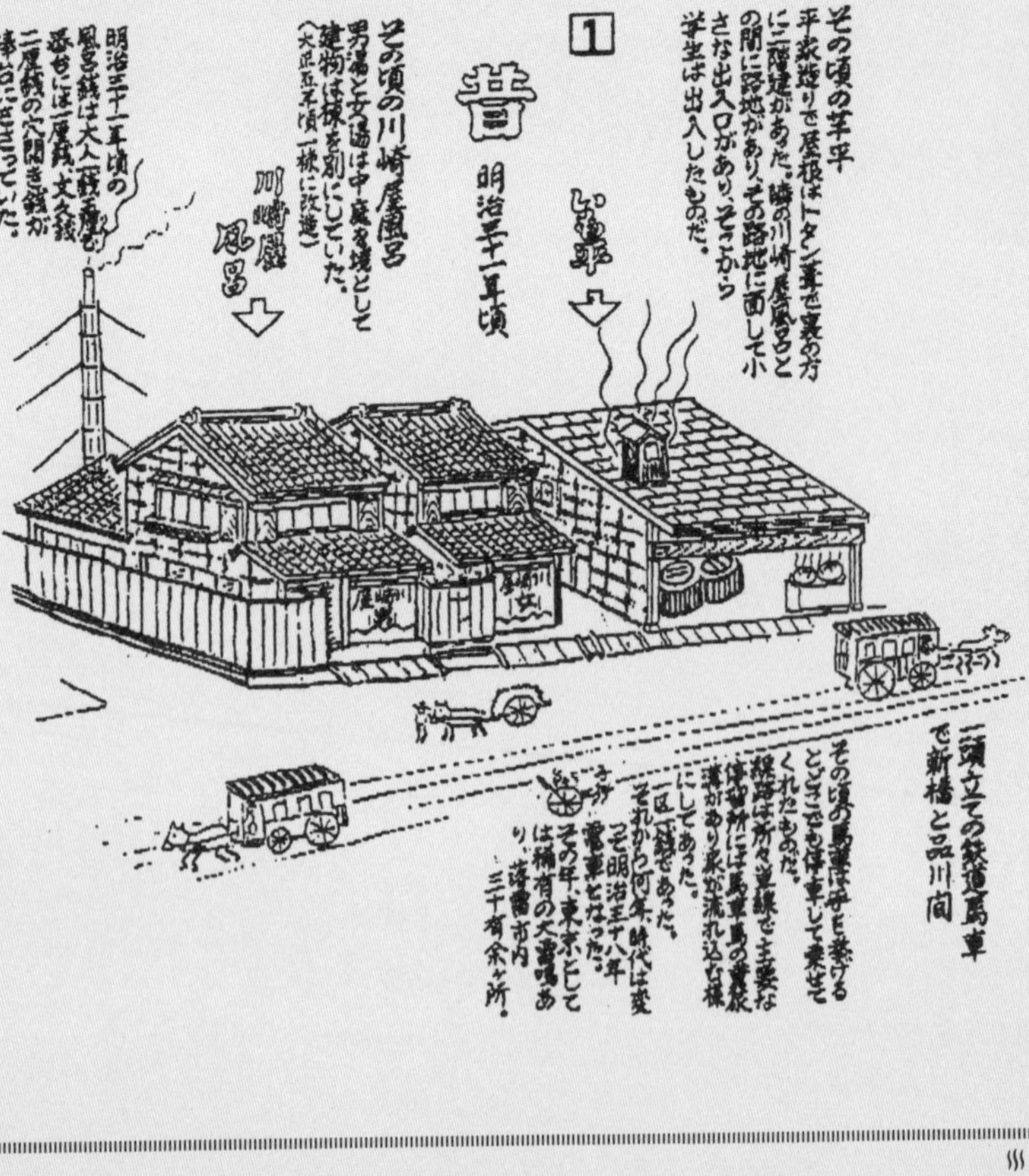

かる。その後、1916年（大正5年）に一棟に改築され、七年後の関東大震災によって焼失してしまった。

左ページ、1943年（昭和18年）を描いたイラスト資料を眺めると、二階建ての耐久建築風で煙突はあるものの、〝支那料理〟の銘が掲げられたように銭湯業は行なっていなかったか休業中だった、と想像できる（実際は同年秋に廃業し、会社組織＊保険業に改変されたそうだ）。ちなみに吉蔵氏が『山と溪谷』を創刊したのが1930年（昭和5年）のこと。廃業の際はすでに山と溪谷社は会社組織になっていた。戦時下、実家の家業がなくなったことをどう思ったのか、また、どういう経緯があったのか……を探りたくとも探れないのがもどかしい。

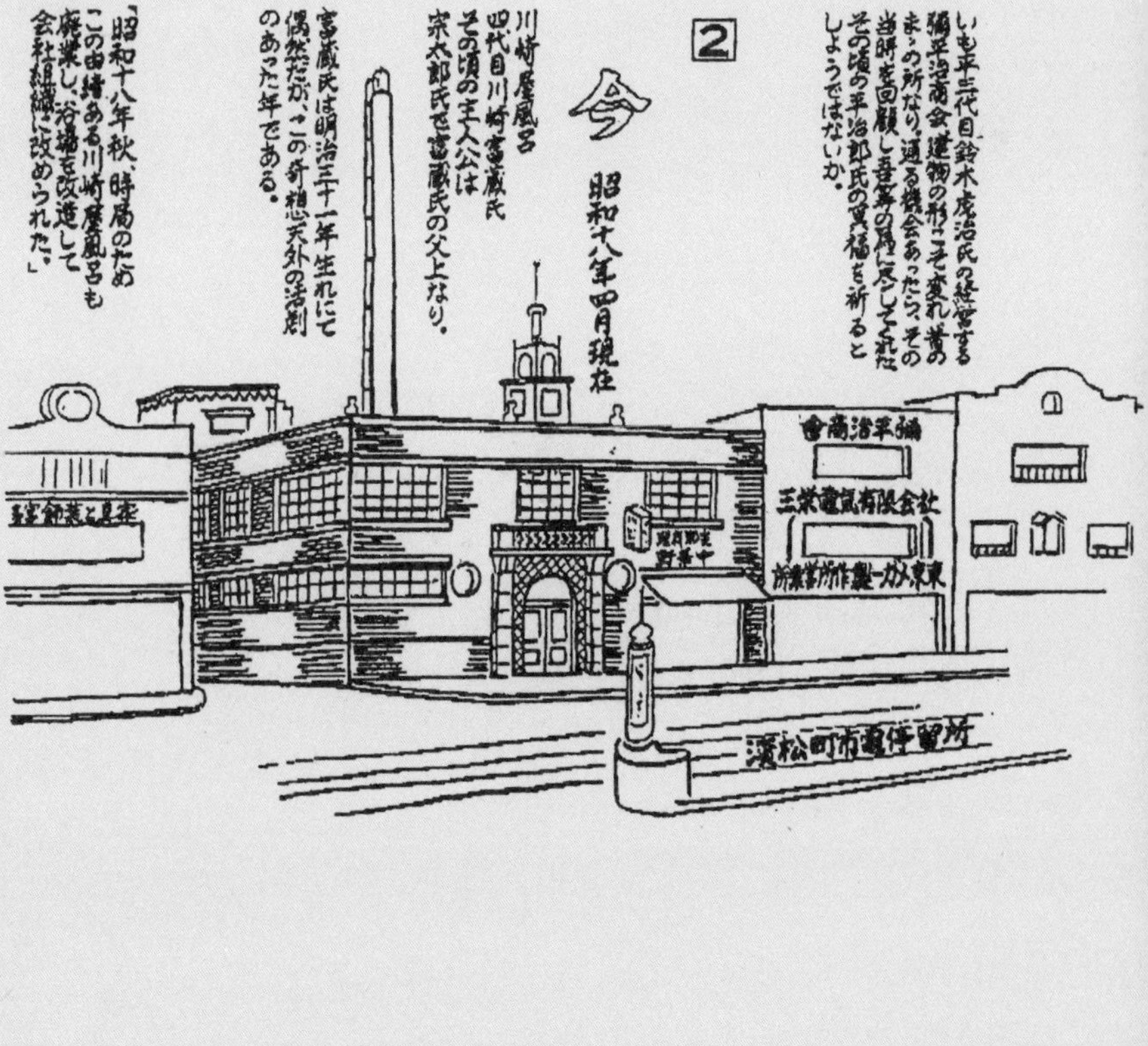

＊両イラストともに、井ノ部康之『山ありて人あり 川崎吉蔵と山と溪谷社』（ヤマケイ文庫・非売品）より転載

町田 忍 まちだしのぶ

1950年、東京生まれ。大学卒業後、警視庁警察官を経て、庶民文化における風俗意匠の研究を続ける。パッケージ、空き缶類をはじめ、さまざまなものを多岐にわたって収集し、それらをテーマにあらゆる角度から調査研究している。とくに銭湯研究にかけては第一人者で、自他ともに認める銭湯博士。『銭湯：「浮世の垢」も落とす庶民の社交場』（ミネルヴァ書房）、『東京マニアック博物館　おもしろ珍ミュージアム案内決定版』（メイツ出版）、『町田忍の昭和遺産100』（天夢人）ほか著書多数。

町田忍の銭湯パラダイス

2021年11月1日　初版第1刷発行

著　者　町田 忍
発行人　川崎深雪
発行所　株式会社山と溪谷社
〒101-0051
東京都千代田区神田神保町1丁目105番地
https://www.yamakei.co.jp/
印刷・製本　大日本印刷株式会社

● 乱丁・落丁のお問合せ先
山と溪谷社自動応答サービス
TEL:03-6837-5018
受付時間／10:00〜12:00、13:00〜17:30（土日、祝日を除く）
● 内容に関するお問合せ先
山と溪谷社
TEL:03-6744-1900（代表）
●書店・取次様からのご注文先
山と溪谷社受注センター
TEL.048-458-3455　FAX.048-421-0513
●書店・取次様からのご注文以外のお問合せ先
eigyo@yamakei.co.jp

Printed in Japan　ISBN978-4-635-08013-2

【参考文献】
『公衆浴場史』全国公衆浴場業環境衛生同業組合連合会 編（1972年）
『江戸入浴百姿』花咲一男著（三樹書房／1978年）
『江戸の風呂』今野信雄著（新潮社／1986年）
『入浴・銭湯の歴史』中野栄三著（雄山閣出版／1984年）

装幀・本文デザイン	赤松由香里（MdN Design）
写真	町田 忍、阿部昌也、下城英悟、山﨑真由子
DTP	ベイス
校閲	戸羽一郎
編集	山﨑真由子、久田一樹（山と溪谷社）